JUNGE KÜCHE

Currys

W0307536

Compact Verlag

Abkürzungen

EL	Esslöffel	TK	Tiefkühl...
TL	Teelöffel	kcal	Kilokalorien
kg	Kilogramm	kJ	Kilojoule
g	Gramm	EW	Eiweiß
mg	Milligramm	F	Fett
l	Liter	KH	Kohlenhydrate
ml	Milliliter	Bd.	Bund
cl	Zentiliter	Msp.	Messerspitze
gestr.	gestrichen	1 kJ = 0,239 kcal	
geh.	gehäuft	1 kcal = 4,184 kJ	

Impressum

Chefredaktion: Dr. Angela Sendlinger
Redaktion: Anna Fleck
Produktion: Wolfram Friedrich
Umschlaggestaltung und Layout: Regina Rechter

ISBN 978-3-8174-6565-1
5365651

Besuchen Sie uns im Internet: www.compactverlag.de

Inhalt

Extra

Rindfleischcurry mit Bambussprossen und Thai-Basilikum [Abb. Cover]

FÜR 4 PERSONEN:

700 g Rinderfilet
1 grüne Chilischote
1 Bd. Thai-Basilikum
300 g Bambussprossen (Dose)
2 TL gelbe Currypaste
800 ml Kokosmilch
4 TL Kurkuma
4 EL Palmzucker
4 EL Fischsoße (Glas)
Salz
Pfeffer aus der Mühle

> Fleisch waschen, trocken tupfen und in feine Streifen schneiden. Chili waschen, entkernen und fein hacken. Basilikum waschen und trocken schütteln. Bambussprossen in einem Sieb abtropfen lassen und anschließend in feine Streifen schneiden.

> Currypaste in einer Pfanne erhitzen. Rahm von der Kokosmilch abschöpfen, dazugeben und einige Minuten köcheln lassen, bis sich eine gelbe Schicht gebildet hat.

> Kurkuma, Fleisch, 2/3 der Basilikumblätter, Palmzucker und die Hälfte der Kokosmilch dazugeben. 4 Minuten garen, dann die restliche Kokosmilch angießen.

> Chili und Bambussprossen dazugeben, weitere 4 Minuten schmoren lassen. Mit Fischsoße, Salz und Pfeffer abschmecken. Mit restlichen Basilikumblättern bestreuen.

> Nährwerte pro Person:
347 kcal, 1457 kJ, 40 g EW, 9 g F, 26 g KH

Dazu schmeckt Safranreis: 200 g Basmatireis in einem Sieb waschen und gut abtropfen lassen. 1/2 TL Safranfäden in einer Tasse mit 1 1/2 EL kochendem Wasser übergießen und 10 Minuten ziehen lassen. 1 Zwiebel schälen und fein hacken. 2 EL Ghee oder Butterschmalz in einem Topf erhitzen, 1 Zimtstange und 4 Gewürznelken darin anbraten. Zwiebel zufügen und anschwitzen. Reis dazugeben und unter Rühren 5 Minuten anbraten. 1 l heißes Wasser dazugießen und mit 1 TL braunem Zucker, Salz und 1 Msp. Kardamomsamen würzen. Safran unterrühren. Hitze reduzieren und Reis zugedeckt ca. 20 Minuten dünsten, bis er alle Flüssigkeit aufgenommen hat.

Currysuppen

JUNGE KÜCHE

Möhren-Curry-Suppe [Abb.]

FÜR 4 PERSONEN:

350 g TK-Möhren
1 Zwiebel
1 TL Knoblauch, gehackt
2 EL Ghee oder Butterschmalz
³/₄ TL Currypulver
¹/₂ TL Salz
1 l Hühnerbrühe
125 g geröstete Mandeln

> Möhren auftauen und in ein wenig Wasser kurz gar kochen. Zwiebel und Knoblauch schälen und fein würfeln. Ghee in einem Topf erhitzen, Zwiebel hinzufügen und glasig anbraten. Knoblauch, Currypulver und Salz dazugeben und unterrühren.

> Die Mischung in eine Rührschüssel oder eine Küchenmaschine geben, gekochte Möhren hinzufügen und kurz pürieren. Die Hälfte der Brühe darübergießen und glatt rühren.

> Möhrenmischung zurück in den Topf geben, restliche Brühe einrühren und das Ganze kurz aufkochen. Hitze wieder reduzieren und die Suppe leicht köcheln lassen. Bei Bedarf mit Salz abschmecken.

> Nährwerte pro Person:
174 kcal, 728 kJ, 8 g EW, 11 g F, 14 g KH

Linsensuppe mit Mango [für Feinschmecker]

FÜR 4 PERSONEN:

2 Zwiebeln
2 TL Ghee oder Butterschmalz
2 Knoblauchzehen
4 TL Garam Masala
800 ml Hühnerbrühe
200 g weiße Linsen
4 kleine Tomaten
Salz
2 EL Tamarindensoße
4 TL Mangopulver
¹/₂ unreife Mango
Minzeblättchen zum Garnieren

> Zwiebeln schälen und würfeln. Ghee in einem Topf erhitzen und Zwiebelwürfel darin bei mittlerer Hitze glasig dünsten. Knoblauch schälen und dazupressen. Garam Masala einstreuen und anschwitzen. Brühe dazugießen.

> Linsen in einem Sieb abbrausen, verlesen und in den Topf geben. Suppe aufkochen und die Linsen zugedeckt bei schwacher Hitze ca. 15 Minuten leicht kochen lassen.

> Tomaten heiß überbrühen, kalt abschrecken, häuten, entkernen, grob würfeln und unter die Suppe rühren. Mit Salz, Tamarindensoße sowie Mangopulver würzen.

> Mango schälen, Fruchtfleisch vom Stein lösen, in schmale Streifen schneiden und in der Suppe erhitzen. Suppe abschmecken und mit Minzeblättchen garnieren.

> Nährwerte pro Person:
271 kcal, 1139 kJ, 14 g EW, 4 g F, 43 g KH

Reisnudel-Garnelen-Suppe [Abb.]

FÜR 4 PERSONEN:

300 g Garnelen, küchenfertig
200 g breite Reisnudeln
300 g TK-Erbsen
1 Zwiebel
1 Knoblauchzehe
3 cm frische Ingwerwurzel
2 EL Sonnenblumenöl
1 EL Currypulver
1 l Hühnerbrühe
300 ml Kokosmilch
helle Sojasoße
Cayennepfeffer
Basilikumblätter zum Garnieren

> Garnelen waschen und trocken tupfen. Reisnudeln nach Packungsanweisung bissfest kochen, abgießen, abschrecken und abtropfen lassen. Erbsen in einem Sieb auftauen.

> Zwiebel, Knoblauch und Ingwer schälen und alles fein hacken. Öl in einem Topf erhitzen und Zwiebel, Knoblauch und Ingwer darin unter Rühren anschwitzen.

> Currypulver unterrühren, mit Hühnerbrühe und Kokosmilch ablöschen und bei schwacher Hitze ca. 10 Minuten einkochen lassen. Garnelen und Erbsen in die Suppe geben und ca. 5 Minuten darin bei schwacher Hitze köcheln lassen.

> Reisnudeln zugeben und das Ganze mit Sojasoße und Cayennepfeffer abschmecken. Suppe in Schälchen füllen und mit Basilikum garniert servieren.

> Nährwerte pro Person:
543 kcal, 2272 kJ, 43 g EW,
30 g F, 27 g KH

Blumenkohl-Curry-Suppe [cremig]

FÜR 4 PERSONEN:

1 kg Blumenkohl
2 Kartoffeln
2 Knoblauchzehen
3 cm frische Ingwerwurzel
1 EL Ghee oder Butterschmalz
1 ½ TL gemahlene Kurkuma
1 TL schwarze Senfkörner
1 TL gemahlener Kreuzkümmel
1 l Gemüsebrühe
Salz, Pfeffer
300 g Joghurt

> Blumenkohl waschen und in Röschen teilen. Kartoffeln schälen, waschen und klein würfeln. Knoblauch und Ingwer schälen und fein hacken.

> Ghee in einem Topf erhitzen. Blumenkohl und Kartoffeln darin kurz anbraten. ⅛ l Wasser zufügen und ca. 10 Minuten köcheln lassen.

> Knoblauch, Ingwer, Kurkuma, Senfkörner und Kreuzkümmel zufügen und unterrühren. Gemüsebrühe angießen und aufkochen. Salzen, pfeffern und abgedeckt bei schwacher Hitze ca. 20 Minuten köcheln lassen.

> Topf vom Herd nehmen und etwas abkühlen lassen. Die Suppe mit einem Pürierstab fein mixen, Joghurt hineinrühren und das Ganze wieder langsam erhitzen. Nach Bedarf mit Salz und Pfeffer abschmecken.

> Nährwerte pro Person:
227 kcal, 950 kJ, 12 g EW,
11 g F, 21 g KH

Gemüsesuppe mit Hähnchenbrust

[zum Sattessen]

FÜR 4 PERSONEN:

1 Zwiebel
3 Knoblauchzehen
100 g Möhren
300 g Blumenkohl
100 g Spinat
4 kleine Stängel Koriander
250 g Hähnchenbrustfilet
Salz
2 EL Sonnenblumenöl
2 TL Currypulver
1 EL Mehl
1 l Gemüsebrühe
1 TL Ingwer, frisch gerieben
1 TL abgeriebene Zitronenschale (unbehandelt)
2 EL Crème fraîche
2 EL Zitronensaft
Pfeffer aus der Mühle

> Zwiebel und Knoblauch schälen und fein hacken. Möhren schälen, waschen und in dünne Scheiben schneiden. Blumenkohl waschen und in kleine Röschen teilen. Spinat sorgfältig verlesen und waschen.

> Koriander waschen, trocken schütteln und fein hacken. Hähnchenbrust kalt abspülen, trocken tupfen und in 1 cm breite Streifen schneiden.

> Spinat tropfnass mit etwas Salz in einen Topf geben. Zugedeckt bei mittlerer Hitze in 2 Minuten zusammenfallen lassen. Spinat in einem Sieb abtropfen lassen, leicht ausdrücken und klein schneiden.

> Öl in einem Topf erhitzen. Zwiebel und Knoblauch darin unter Rühren glasig dünsten. Mit Currypulver und Mehl bestäuben. Alles unter Rühren so lange braten, bis ein angenehmer Duft aufsteigt.

> Die Zwiebel-Gewürz-Mischung mit Brühe aufgießen. Die Suppe mit dem Schneebesen glatt rühren und aufkochen. Möhren, Blumenkohl, Ingwer und Zitronenschale hinzufügen. Das Gemüse 3 Minuten bei schwacher Hitze kochen lassen.

> Hähnchenbrust hinzufügen. Alles zugedeckt ca. 7 Minuten bei schwacher Hitze weiterkochen, bis das Fleisch gar ist. Crème fraîche und Spinat unterrühren. Suppe nochmals kurz erhitzen und mit Zitronensaft, Salz und Pfeffer abschmecken. Mit Koriander bestreuen.

> Nährwerte pro Person:
280 kcal, 1160 kJ, 20 g EW,
15 g F, 15 g KH

Wenn Sie keinen frischen Spinat bekommen, können Sie auch auf Spinat aus dem Tiefkühlfach zurückgreifen. Diesen einfach in einem Sieb auftauen lassen und wie oben beschrieben mit der Crème fraîche zur Suppe geben.

Curry-Hähnchen-Suppe [Abb.]

FÜR 4 PERSONEN:

1 Zwiebel
2 Knoblauchzehen
3 cm frische Ingwerwurzel
4 EL Sesamöl
100 g Basmatireis
1 EL Currypulver
½ l Hühnerbrühe
400 ml Ananassaft
250 g Shiitakepilze
Salz, Pfeffer
300 g Hähnchenbrustfilet
200 g Cremefine zum Verfeinern
1 Stängel Koriander

> Zwiebel, Knoblauch und Ingwer schälen. Zwiebel würfeln, Knoblauch fein hacken und Ingwer fein reiben. Alles in 2 EL heißem Sesamöl andünsten. Reis und Curry zugeben, kurz mitdünsten. Hühnerbrühe und Ananassaft dazugießen, aufkochen und zugedeckt bei kleiner Hitze ca. 10 Minuten garen.

> Shiitakepilze putzen und nach Bedarf halbieren. Restliches Sesamöl in einer Pfanne erhitzen und die Pilze darin unter Rühren kräftig anbraten, salzen und pfeffern.

> Hähnchenbrustfilet unter fließendem kaltem Wasser abspülen, trocken tupfen und in feine Streifen schneiden. Mit Cremefine in die Suppe geben und weitere 10 Minuten garen. Suppe mit Salz und Pfeffer abschmecken.

> Koriander waschen, trocken schütteln und die Blätter abzupfen. Pilze und Koriander in die Suppe geben, verrühren und die Suppe in Schälchen servieren.

> Nährwerte pro Person:
357 kcal, 1484 kJ, 17 g EW,
18 g F, 34 g KH

Erbsen-Kartoffel-Suppe [sahniger Genuss]

FÜR 4 PERSONEN:

2 mittelgroße Kartoffeln
2 Zwiebeln
1 l Hühnerbrühe
2 cm frische Ingwerwurzel
½ TL gemahlener Koriander
1 ½ TL gemahlener Kreuzkümmel
1 Schuss Zitronensaft
Salz
250 g TK-Erbsen
125 g Sahne

> Kartoffeln schälen, waschen und würfeln. Zwiebeln schälen und fein hacken. Kartoffeln und Zwiebeln mit der Hühnerbrühe in einem Topf zum Kochen bringen.

> Ingwer schälen, mit Koriander und Kreuzkümmel in den Topf geben. Suppe zugedeckt bei schwacher Hitze ca. 20 Minuten köcheln lassen.

> Ingwer entfernen. Zitronensaft und ½ TL Salz zugeben, aufgetaute Erbsen einlegen und alles bei offenem Deckel 5 Minuten köcheln lassen.

> Suppe mit dem Mixstab pürieren, mit der Sahne verfeinern und nochmals mit Salz abschmecken.

> Nährwerte pro Person:
627 kcal, 2624 kJ, 33 g EW,
45 g F, 23 g KH

Reichen Sie dazu Chapati oder Naan (siehe S. 56).

Entensuppe mit Mango [für Freunde]

FÜR 4 PERSONEN:
4 Entenkeulen
Salz
100 g Knollensellerie
1 Möhre
1 Zwiebel
2 Frühlingszwiebeln
1 Mango
2 Lorbeerblätter
½ TL Pfefferkörner
5 cm frische Ingwerwurzel
2 Knoblauchzehen
2 EL Sonnenblumenöl
1 TL Currypulver
Pfeffer aus der Mühle
2 EL Koriander, frisch gehackt

> Entenkeulen waschen und in einem Topf mit 1 ½ l Wasser und ½ TL Salz zum Kochen bringen, den dabei entstehenden Schaum abschöpfen. Sellerie und Möhre putzen, schälen und in feine Würfel schneiden.

> Zwiebel schälen und in feine Würfel schneiden. Frühlingszwiebeln putzen und in 1 cm dicke Scheiben schneiden. Mango schälen, Fruchtfleisch in ½ cm dicken Scheiben vom Kern schneiden und würfeln.

> Zwiebel, Sellerie und Möhre mit den Lorbeerblättern und den Pfefferkörnern zu den Entenkeulen geben und bei schwacher Hitze ca. 40 Minuten köcheln lassen.

> Keulen aus der Suppe nehmen und etwas abkühlen lassen. Haut abziehen, Fleisch in mundgerechte Stücke schneiden und beiseitestellen. Die Brühe durch ein Sieb in einen anderen Topf abgießen, etwas stehen lassen und sobald sich das Fett oben abgesetzt hat, mit einem Küchenpapier leicht auf die Oberfläche tupfen, um das Fett abzunehmen.

> Ingwer und Knoblauch schälen, fein hacken. Öl in einem Topf erhitzen, Ingwer, Knoblauch, Mango und Frühlingszwiebeln kurz anbraten, mit Curry bestreuen und gut durchmischen.

> Brühe langsam aufgießen und bei mittlerer Hitze nochmals 5 Minuten köcheln lassen. Fleisch zufügen, in der Suppe erhitzen und das Ganze mit Salz und Pfeffer abschmecken. Suppe in Tellern anrichten und mit Koriander bestreut servieren.

> Nährwerte pro Person:
468 kcal, 1958 kJ, 26 g EW, 37 g F, 10 g KH

Mangos sind die beliebtesten Früchte in Indien. Die noch unreifen Früchte werden für pikante Gerichte verwendet, die reifen Mangos haben ein mildes Aroma und eignen sich hervorragend für Desserts.

Rote-Linsen-Suppe mit Datteln [Abb.]

FÜR 4 PERSONEN:
250 g rote Linsen
2 rote Zwiebeln
2 kleine Möhren
1/2 Knollensellerie
2 Knoblauchzehen
1 Chilischote
2 EL Ghee oder Butterschmalz
1 1/2 l Gemüsebrühe
1/2 TL gemahlener Kreuzkümmel
Salz
3 cm frische Ingwerwurzel
200 g Datteln

> Linsen über Nacht in Wasser einweichen.

> Zwiebeln schälen und würfeln. Möhren waschen, schälen und in kleine Würfel schneiden. Sellerie putzen und fein raspeln. Knoblauch schälen und fein hacken. Chilischote waschen und fein hacken, dabei nach Wunsch die Kerne entfernen.

> Ghee in einem Topf erhitzen. Zwiebeln, Möhren, Sellerie, Knoblauch und Chili zufügen und darin unter Rühren anschwitzen.

> Linsen in ein Sieb abgießen, mit frischem Wasser begießen, abtropfen lassen und zum Gemüse geben. Mit der Gemüsebrühe auffüllen. Mit Kreuzkümmel und Salz abschmecken. Die Suppe ca. 20 Minuten leicht kochen lassen, bis die Linsen weich sind.

> In der Zwischenzeit den Ingwer schälen und fein würfeln. Datteln entkernen und in Scheiben schneiden. Ingwer und Datteln in die Suppe geben und umrühren, dabei die Suppe nicht mehr kochen lassen, und servieren.

> Nährwerte pro Person:
367 kcal, 1536 kJ, 11 g EW,
13 g F, 51 g KH

Linsensuppe mit Paprika [raffiniert einfach]

FÜR 4 PERSONEN:
350 g rote Linsen
1 kleine Zwiebel
2 Knoblauchzehen
1 grüne Paprikaschote
2 EL Ghee oder Butterschmalz
600 ml Gemüsebrühe
Salz, Pfeffer
1 TL gemahlener Kreuzkümmel
Saft von 1/2 Zitrone
1/2 Bd. Koriander

> Linsen in einem Sieb unter fließendem Wasser waschen und abtropfen lassen. Zwiebel und Knoblauch schälen und in feine Würfel schneiden. Paprika längs halbieren, von Kernen und weißen Innenwänden befreien, waschen, in dünne Streifen schneiden.

> Ghee in einem Topf erhitzen, Zwiebel und Knoblauch darin andünsten. Linsen und Brühe zufügen. Alles aufkochen und ca. 10 Minuten köcheln lassen. Paprika zur Suppe geben und weitere 15 Minuten weiterkochen, bis die Linsen gar sind, aber noch nicht zerfallen.

> Suppe mit Salz, Pfeffer, Kreuzkümmel und Zitronensaft abschmecken. Koriander waschen, trocken schütteln, Blättchen abzupfen, fein hacken und unter die Suppe rühren.

> Nährwerte pro Person:
170 kcal, 711 kJ, 10 g EW,
3 g F, 24 g KH

Kürbis-Mandel-Suppe [schmeckt auch Kindern]

FÜR 6 PERSONEN:

2 Butternusskürbisse (ca. 2 kg)
Fett für die Form
200 g Mandelstifte
4 ½ EL Olivenöl
2 Zwiebeln
3 Knoblauchzehen
1 ½ TL Currypulver
1 ¼ l Gemüsebrühe
Salz
6 EL Joghurt

> Backofen auf 190 Grad vorheizen. Kürbisse im heißen Ofen 15 Minuten rösten, herausnehmen, halbieren und die Kerne entfernen. Ein Blech mit Backpapier belegen und etwas einfetten.

> Kürbisse mit der Schnittfläche nach unten auf das Backblech legen und zurück in den Ofen schieben. 30–35 Minuten backen, bis der Kürbis weich ist. Aus dem Ofen nehmen und abkühlen lassen.

> Hitze auf 175 Grad reduzieren. Mandeln auf das Backpapier geben und 10 Minuten im Ofen rösten, bis sie goldbraun sind. 2 EL Öl in einem großen Topf erhitzen. Zwiebeln und Knoblauch schälen, fein hacken, dazugeben und bei mittlerer Hitze anbraten. Currypulver hinzufügen und 2–3 Minuten mitbraten.

> Schale vom Kürbis entfernen und Fruchtfleisch klein schneiden. Curry-Zwiebel-Knoblauch-Mischung in den Mixer geben, mit Kürbis und Brühe auffüllen. ¾ der Mandeln hinzufügen und so lange pürieren, bis die Masse fein ist.

> Kürbismasse in einen Topf geben. Das Ganze erwärmen und zum Kochen bringen, anschließend die Hitze reduzieren und 10 Minuten köcheln lassen, salzen.

> Zum Servieren die Suppe in Suppenschälchen geben. Jeweils ½ TL Olivenöl daraufgeben und mit etwas Joghurt garnieren. Restliche Mandeln darauf verteilen.

> Nährwerte pro Person:
339 kcal, 1418 kJ, 12 g EW,
19 g F, 35 g KH

Der Butternusskürbis wächst flaschenförmig und hat eine glatte gelbe Schale. Das Fruchtfleisch selbst ist orangefarben und angenehm süß mit einer sahnigen Note. Je länger der Butternusskürbis lagert, desto sahniger wird er im Geschmack.

Currys mit Gemüse

JUNGE KÜCHE

Gemüsecurry mit Fenchel und Kichererbsen [Abb.]

FÜR 4 PERSONEN:

3 rote Paprikaschoten
1 Fenchelknolle
1/2 Bd. Frühlingszwiebeln
1 Dose Kichererbsen (ca. 340 g)
2 EL Rapsöl
1 EL grüne Currypaste
200 ml Kokosmilch
200 ml Gemüsebrühe (z. B. von Alnatura)
Saft von 1/2 Limette
Salz
frisches Koriandergrün zum Bestreuen

> Paprikaschoten halbieren, von Kernen und weißen Innenwänden befreien, waschen und das Fruchtfleisch in kleine Stücke schneiden. Fenchel putzen, waschen und in feine Streifen schneiden.

> Frühlingszwiebeln putzen, waschen und schräg in Stücke schneiden. Kichererbsen in einem Sieb abtropfen lassen.

> Rapsöl in einem Topf erhitzen und Paprika, Fenchel, Frühlingszwiebeln darin ca. 5 Minuten anbraten. Kichererbsen zufügen und mitbraten.

> Currypaste unterrühren, mit Kokosmilch und Gemüsebrühe ablöschen und 10 Minuten köcheln lassen. Curry mit Limettensaft und Salz abschmecken. Mit frisch gehacktem Koriander servieren.

> Nährwerte pro Person:
186 kcal, 778 kJ, 8 g EW, 8 g F, 22 g KH

Tomatencurry [schnell zubereitet]

FÜR 4 PERSONEN:

750 g Tomaten
2 Knoblauchzehen
3 Zwiebeln
2 EL Sonnenblumenöl
1/2 TL gemahlener Kreuzkümmel
1 TL brauner Zucker
1/2 TL Chilipulver
1/2 TL Ingwerpulver
1 TL Salz
1 Prise Pfeffer

> Tomaten waschen, vom Stielansatz befreien und würfeln. Knoblauch schälen und fein hacken. Zwiebeln schälen, halbieren und in dünne Streifen schneiden.

> Öl in einer Pfanne erhitzen, Kreuzkümmel darin anbraten, Knoblauch und Zwiebeln zugeben und unter Rühren anschwitzen.

> Tomaten, Zucker, Chili- und Ingwerpulver hinzufügen, mit Salz und Pfeffer würzen und ca. 10 Minuten bei schwacher Hitze köcheln lassen.

> Nährwerte pro Person:
115 kcal, 481 kJ, 3 g EW, 6 g F, 13 g KH

Gurken-Senf-Curry [Abb.]

FÜR 4 PERSONEN:
1 kg Freilandgurken
2 Knoblauchzehen
3 rote Zwiebeln
2 TL Senfsamen
1 Msp. Kurkuma
1 EL Currypulver
Salz
½ l Kokosmilch

> Gurken waschen, schälen und in dickere Scheiben schneiden. Knoblauch schälen und fein hacken. Zwiebeln schälen und in feine Ringe schneiden.

> Gurken, Knoblauch, Zwiebeln, Senfsamen, Kurkuma, Currypulver, Salz und Kokosmilch in einen Topf geben, umrühren und alles zum Kochen bringen.

> Das Gurken-Senf-Curry 10–15 Minuten bei kleiner Hitze köcheln lassen. Zum Schluss nach Bedarf erneut abschmecken.

> Nährwerte pro Person: 113 kcal, 473 kJ, 5 g EW, 3 g F, 17 g KH

Auberginen-Kartoffel-Curry [würzig]

FÜR 4 PERSONEN:
6 Kartoffeln
2 Auberginen
2 rote Chilischoten
3 rote Zwiebeln
3 Knoblauchzehen
Salz
4 EL Ghee oder Butterschmalz
2 TL gemahlener Kreuzkümmel
2 TL gemahlener Koriander
3 EL Senfsamen
800 ml Kokosmilch
2 Handvoll Curryblätter

> Kartoffeln schälen, waschen und in kleine Stücke schneiden. Auberginen waschen, halbieren, vierteln und ebenfalls klein schneiden.

> 1 Chilischote waschen, längs halbieren, entkernen und der Länge nach in Streifen schneiden. Zwiebeln schälen und in dünne Spalten schneiden. Knoblauch schälen und fein hacken.

> Auberginenstücke in Salzwasser legen und 15 Minuten ziehen lassen. Anschließend mit den Händen auspressen, auf ein Küchentuch legen und trocken tupfen.

> Ghee in einer Pfanne erhitzen und Auberginenstücke rundum goldgelb anbraten. Kreuzkümmel und Koriander dazugeben und unter Rühren kurz mitbraten. Hitze reduzieren, Zwiebeln und Knoblauch dazurühren und ca. 2 Minuten dünsten. Kartoffeln, Chilistreifen und Senfsamen dazugeben und kurz weiterdünsten.

> Mit Kokosmilch ablöschen, salzen und bei geringer Hitze zugedeckt 10–15 Minuten köcheln lassen. Curryblätter und verbliebene Chilischote in die Pfanne geben und mitköcheln. Sobald die Kartoffeln gar sind, das Curry in Schälchen verteilen und heiß servieren.

> Nährwerte pro Person: 357 kcal, 1494 kJ, 7 g EW, 20 g F, 39 g KH

Gemüse mit Currylinsen [Abb.]

FÜR 4 PERSONEN:

250 g gelbe Linsen
4 EL Ghee oder Butterschmalz
1 TL Kurkuma
¼ TL Chilipulver
½ TL Paprikapulver
½ TL gemahlener Kreuzkümmel
1 TL Garam Masala, Salz
600 g gemischtes Gemüse (z. B. Blumenkohl, Auberginen, grüne Bohnen, Zucchini)
1 TL Senfsamen, Pfeffer
Kokosflocken zum Bestreuen

> Linsen in einem Sieb unter fließendem kaltem Wasser waschen und abtropfen lassen. 2 EL Ghee oder Butterschmalz in einem Topf erhitzen, Kurkuma, Chili- und Paprikapulver, Kreuzkümmel und Garam Masala zufügen und unter Rühren kurz anrösten.

> Linsen zugeben und darin andünsten. 1 l Wasser angießen und das Ganze zugedeckt bei schwacher Hitze ca. 20 Minuten köcheln, dabei ab und zu umrühren. Nach Bedarf etwas Wasser dazugießen. Mit Salz abschmecken.

> Gemüse putzen, waschen und in kleine Stücke schneiden. Restliches Ghee in einem Topf zerlassen und die Senfsamen darin zugedeckt anrösten.

> Gemüse zufügen und kurz mitbraten. ⅛ l Wasser dazugießen und zugedeckt ca. 5 Minuten bei schwacher Hitze dünsten. Mit Salz und Pfeffer abschmecken.

> Linsen auf Teller verteilen, das Gemüse daraufgeben, mit Kokosflocken bestreuen und servieren.

> Nährwerte pro Person:
391 kcal, 1636 kJ, 12 g EW, 28 g F, 25 g KH

Gemüsepfanne mit Tofu [mit Mandeln]

FÜR 4 PERSONEN:

1 Möhre
8 Okraschoten
1 Tomate
4 TL Öl
⅛ l Gemüsebrühe
1 TL Ingwer, gerieben
1 TL Garam Masala
300 g Tofu
70 g Mandelstifte

> Möhre schälen und klein würfeln. Okraschoten von den Enden befreien und in kleine Stücke schneiden. Tomate waschen, halbieren, entkernen und in kleine Stücke schneiden.

> 2 TL Öl in einer Pfanne erhitzen. Möhre zufügen und mit 50 ml Gemüsebrühe 3–4 Minuten köcheln lassen. Okraschoten, Tomate, Ingwer und restliche Gemüsebrühe zugeben, mit Garam Masala würzen.

> Das Ganze 5 Minuten weiterkochen, bis die Okraschoten gar sind. Dabei gelegentlich umrühren. Tofu mit Küchenpapier trocken tupfen und in 3 cm große Würfel schneiden.

> 2 TL Öl in einer weiteren Pfanne erhitzen und Tofu zugeben. Bei mittlerer Hitze darin von allen Seiten goldbraun backen. Tofu zum Gemüse geben und vorsichtig umrühren. Zum Schluss Mandelstifte untermengen.

> Nährwerte pro Person:
232 kcal, 972 kJ, 12 g EW, 19 g F, 5 g KH

Gemüsecurry mit Auberginen und Cashewkernen [Abb.]

> Zwiebel schälen und fein würfeln. Lauch putzen, waschen und in feine Ringe schneiden. Kartoffeln schälen, waschen und würfeln. Aubergine waschen und in mundgerechte Stücke schneiden. Knoblauch und Ingwer schälen und fein hacken.

> Rapsöl in einer Pfanne erhitzen. Zwiebel, Lauch, Kartoffel- und Auberginenstücke und Cashewkerne einige Minuten anbraten. Knoblauch, Ingwer und Curry zugeben und kurz anrösten.

> Tomaten zufügen und mit Salz und Kreuzkümmel abschmecken. Zugedeckt bei schwacher Hitze ca. 10 Minuten köcheln lassen. Aprikosen in kleine Würfel schneiden.

> Kokosmilch und Aprikosen zum Gemüse geben und weitere 5 Minuten garen. Zum Schluss mit Salz abschmecken und servieren.

> Nährwerte pro Person:
421 kcal, 1761 kJ, 11 g EW, 25 g F, 29 g KH

FÜR 4 PERSONEN:

1 Zwiebel
1/2 Stange Lauch
3 Kartoffeln
1 große Aubergine
1 Knoblauchzehe
3 cm frische Ingwerwurzel
4 EL Rapsöl
100 g Cashewkerne
2 TL Currypulver
2 Dosen Tomatenstücke (ca. 800 g, z. B. von Alnatura), Salz
gemahlener Kreuzkümmel
100 g getrocknete Aprikosen
300 ml Kokosmilch

Bohnen-Kartoffel-Topf [mit Rosinen]

> Bohnen putzen, waschen und schräg in ca. 1 1/2 cm breite Streifen schneiden. Kartoffeln schälen und in kleine Würfel schneiden. Rosinen im lauwarmen Wasser einweichen.

> Gemüsebrühe aufkochen und Bohnen mit den Kartoffeln zugedeckt ca. 15 Minuten darin bissfest garen. Zwiebeln schälen und fein hacken. Ghee in einem Topf erhitzen und die Zwiebeln darin glasig dünsten. Currypulver dazugeben und kurz anrösten.

> Kartoffeln und Bohnen mit einem Schaumlöffel aus der Gemüsebrühe nehmen. Zwiebeln in die Brühe geben und kurz aufkochen lassen. Joghurt und Stärke glatt rühren und in die Brühe einrühren.

> Abgeschüttete Rosinen dazugeben und alles 5 Minuten köcheln lassen. Mit Salz und Pfeffer würzen. Bohnen und Kartoffeln dazugeben, umrühren und sofort servieren.

> Nährwerte pro Person:
339 kcal, 1432 kJ, 12 g EW, 5 g F, 60 g KH

FÜR 4 PERSONEN:

800 g Schnittbohnen
4 Kartoffeln
4 EL Rosinen
1/2 l Gemüsebrühe
2 Zwiebeln
2 EL Ghee oder Butterschmalz
2 EL Currypulver
300 g Joghurt
2 TL Speisestärke
Salz, Pfeffer

Gewürze & Gewürzmischungen – ohne die geht nix

Kaum ein Inder kennt die bei uns unter dem Namen »Curry« bekannte Gewürzmischung. Sie wurde im 18. Jahrhundert von den Engländern nach Europa importiert und eigens für die Kolonialherren hergestellt, damit diese zu Hause nicht auf ihre lieb gewonnenen Currygerichte verzichten mussten. Wer in Indien ein Curry bestellt, bekommt ein Gemüse-, Fisch- oder Fleischgericht mit Soße. Das Prinzip aller Currys ist im Grunde genommen gleich: Gemüse, Fisch oder Fleisch wird mit einem dominanten Gewürz wie Ingwer oder Kreuzkümmel, einer scharfen Zutat wie Chili, einer säuerlichen Zutat wie Limettensaft und einem Bindemittel wie Joghurt oder Kokosmilch gekocht. Auf diese Weise lassen sich unzählige Curryvarianten zubereiten.

Um die unwiderstehlichen Currys kochen zu können, sind einige wichtige Gewürze und Gewürzmischungen unentbehrlich. Die meisten bekommt man heutzutage im gut sortierten Supermarkt und wenn nicht, na dann bestimmt im Asialaden.

Ingwer

Die frische Ingwerwurzel wird geschält und in Scheiben oder Würfel geschnitten. Je länger Ingwer mitkocht, desto schärfer schmeckt er, wobei er gleichzeitig sein zitronenähnliches Aroma verliert.

Kreuzkümmel

Der indische Kreuzkümmel ist auch unter dem Namen Kumin bekannt und findet sich in fast allen Currymischungen wieder. Er schmeckt leicht scharf.

Kardamom

Kardamomsamen haben ein sehr würziges und leicht brennendes Aroma. Ganze Kapseln sind weniger pikant als die ausgelösten Samen.

Chili

Die Schärfe der roten Chilischoten kann man etwas mildern, indem man die Kerne entfernt. Gemahlene Chilischoten kommen in Currymischungen zum Einsatz und sorgen für eine rötliche Farbe.

Kurkuma

Kurkuma verleiht Gerichten einen kräftigen Gelbton. Der Geschmack ist eher scharf und etwas bitter. Kurkuma wird meist gemahlen angeboten.

Senfkörner

Sie kommen in vielen Currymischungen vor und sorgen für eine pikante Note. In Indien werden eher die schwarzen Samen verwendet, da diese schärfer sind als die weißen.

Safran
Das teuerste Gewürz der Welt ist für seine färbende Wirkung und seinen zartbitteren Geschmack bekannt. Man verwendet es in nur sehr kleinen Mengen.

Koriander
Die weißen bis hellbraunen Körner haben ein süßliches Aroma. Es gibt sie aber auch gemahlen zu kaufen. Die frischen Korianderblätter werden zum Schluss über das Gericht gestreut.

Curryblätter
Gibt's im Asialaden. Die Blätter werden meist im Ganzen mitgekocht. Je kürzer sie garen, desto mehr Schärfe können sie entwickeln.

Currypasten
Gibt es in kleinen Gläschen fertig zu kaufen. Je nach Rezept und Geschmack kann man zwischen gelber, roter und grüner Currypaste wählen.

Currypulver
Dabei handelt es sich um eine Mischung von mindestens 10 verschiedenen Gewürzen. Zu den wichtigsten Bestandteilen gehören Kurkuma, Chilipulver, Ingwer, Kreuzkümmel, Zimt und Kardamom.

Garam Masala
Der Name heißt so viel wie »heißes Gewürz«. Die Mischung enthält hauptsächlich Gewürznelken, Kardamom, Zimt, schwarzen Pfeffer und Kreuzkümmel.

Ghee
Kein Gewürz, aber trotzdem wichtig: In Indien verwendet man zum Kochen und Braten Ghee, ein geklärtes tierisches Fett, das aus Büffelmilch oder Butter gewonnen wird. Das Besondere daran ist, dass es extrem stark erhitzt werden kann, ohne zu verbrennen, und Currygerichten einen unverwechselbaren Geschmack verleiht. Sollten Sie im Asialaden mal kein Ghee erhalten, können Sie auch auf herkömmliches Butterschmalz zurückgreifen.

Die ultimative Beilage: duftender Reis!

In der asiatischen Küche gehört Reis zu jedem Currygericht dazu. Dabei wird Reis nicht nur einfach pur gekocht, sondern mit verschiedenen Gewürzen geschmacklich aufgepeppt.

Gewürzreis

> 250 g Basmatireis in 1/2 l Salzwasser ca. 20 Minuten gar kochen. Das restliche Wasser abgießen. 2 rote Zwiebeln und 1 Knoblauchzehe schälen und fein hacken. 2 EL Ghee oder Butterschmalz in einer hohen Pfanne erhitzen. Zwiebeln und Knoblauch darin andünsten. 8 getrocknete Curryblätter zugeben und mitdünsten, jedoch nicht bräunen. 2 Gewürznelken, 1/4 TL gemahlenen Kardamom und den gekochten Reis zugeben. Alles gründlich vermischen und vor dem Servieren kurz durchziehen lassen.

Basmatireis wird im Himalajagebiet angebaut. Beim Kochen verströmt dieser Reis einen zartnussigen Duft.

Mangoldcurry mit gelben Linsen [Abb.]

FÜR 4 PERSONEN:

3 EL gelbe Linsen
1 kg Mangold
2 Knoblauchzehen
2 rote Zwiebeln
1 TL Senfsamen
1 Msp. gemahlene Kurkuma
1 EL Currypulver
Salz
1/2 l Kokosmilch
Pfeffer aus der Mühle

> Die Linsen über Nacht in Wasser einweichen lassen. Anschließend mit frischem Wasser abspülen und abtropfen lassen.

> Mangold waschen und putzen. Blätter und Stiele trennen und jeweils in Streifen schneiden. Knoblauch und Zwiebeln schälen und fein hacken.

> Linsen, Mangoldstiele, Knoblauch, Zwiebeln, Senfsamen, Kurkuma, Curry, Salz und die Kokosmilch in einen Topf geben, umrühren und ca. 3 Minuten kochen lassen.

> Mangoldblätter zugeben und das Curry ca. 8 Minuten bei schwacher Hitze kochen lassen. Zum Schluss mit Pfeffer abschmecken und servieren.

> Nährwerte pro Person:
145 kcal, 607 kJ, 8 g EW,
2 g F, 23 g KH

Linsencurry mit Auberginen und Zucchini [besser geht's nicht]

FÜR 4 PERSONEN:

200 g rote Linsen
1 Zwiebel
1 Aubergine
1 Zucchini
1 Möhre
2 EL Ghee oder Butterschmalz
1 1/2 TL Kurkuma
1 TL gemahlener Koriander
1 TL gemahlener Kreuzkümmel
300 ml Gemüsebrühe
Saft von 1 Limette
Salz
2 EL Koriander, frisch gehackt

> Linsen in einem Sieb waschen und abtropfen lassen. Zwiebel schälen und in Ringe schneiden. Aubergine und Zucchini waschen und in kleine Stücke schneiden. Möhre schälen und in dünne Scheiben schneiden.

> Ghee in einem Topf erhitzen, Kurkuma, Koriander und Kreuzkümmel darin kurz anrösten. Zwiebel, Aubergine, Zucchini und Möhre dazugeben und unter Rühren andünsten.

> Linsen und Brühe zufügen und das Ganze zugedeckt bei schwacher Hitze ca. 20 Minuten leicht köcheln lassen. Mit Limettensaft und Salz abschmecken und zum Schluss mit Koriander bestreuen.

> Nährwerte pro Person:
222 kcal, 929 kJ, 7 g EW,
11 g F, 24 g KH

Kichererbsencurry [Abb.]

FÜR 4 PERSONEN:
300 g Kichererbsen
3 rote Zwiebeln
2 Knoblauchzehen
1/2 l Kokosmilch
12 getrocknete Curryblätter
1 TL Kurkuma
1 EL helles Senfpulver
1 Msp. gemahlener Kreuzkümmel
1 TL Koriandersamen
Salz

> Kichererbsen über Nacht in Wasser einweichen und anschließend abtropfen lassen. Zwiebeln schälen und in Streifen schneiden. Knoblauch schälen und fein hacken.

> Kokosmilch zusammen mit Zwiebeln, Knoblauch, Curryblättern, Kurkuma, Senfpulver, Kreuzkümmel, Koriandersamen und den Kichererbsen in einen Topf geben, umrühren und bei kleiner Hitze ca. 40 Minuten leicht kochen lassen. Dabei gelegentlich umrühren.

> Salz zugeben und das Curry weitere 10 Minuten kochen lassen, bis die Kichererbsen weich sind. Alles eventuell erneut abschmecken und servieren.

> Nährwerte pro Person:
148 kcal, 620 kJ, 8 g EW,
2 g F, 25 g KH

Blumenkohl-Brokkoli-Curry [mit Ananas]

FÜR 4 PERSONEN:
2 Chilischoten
2 Zwiebeln
2 Knoblauchzehen
400 g Bundmöhren
200 g Ananasstücke (Dose)
1 kg Blumenkohl
400 g Brokkoli
20 Cashewkerne
3 EL Ghee oder Butterschmalz
600 ml Gemüsebrühe
2 TL Currypulver
2 TL Speisestärke
200 g Crème fraîche

> Chilischoten entkernen, waschen und in feine Ringe schneiden. Zwiebeln und Knoblauch schälen und würfeln. Möhren schälen, waschen und längs in Streifen schneiden. Ananasstücke abtropfen lassen.

> Blumenkohl und Brokkoli waschen und in kleine Röschen teilen. Cashewkerne grob hacken und in einer Pfanne ohne Fett unter Wenden hellgelb rösten und herausnehmen.

> Butterschmalz in einem Topf erhitzen und Zwiebelwürfel, Knoblauch und Chili darin anschwitzen. Möhren und Ananas dazugeben, kurz mitdünsten und mit Brühe ablöschen. Currypulver einrühren und für 3 Minuten dünsten.

> Blumenkohl und Brokkoli zufügen. Weitere 7 Minuten zugedeckt dünsten. Speisestärke mit etwas Wasser verquirlen, die Soße damit binden, noch einmal aufkochen und mit Crème fraîche verfeinern.

> Nährwerte pro Person:
527 kcal, 2205 kJ, 18 g EW,
36 g F, 33 g KH

Okraschotencurry [raffiniert]

FÜR 4 PERSONEN:
400 g Okraschoten
5 Knoblauchzehen
1 getrocknete rote Chilischote
2 TL gemahlener Kreuzkümmel
1 TL gemahlener Koriander
1/2 TL Kurkuma
2 EL Ghee oder Butterschmalz
1 TL Kreuzkümmel
1 TL Zucker
Saft von 1 Zitrone
3/4 TL Salz

> Okraschoten waschen, trocken tupfen und die Enden abschneiden. Knoblauch schälen und mit der Chilischote und 3 EL Wasser im Mixer zu einer Paste mahlen. Gemahlenen Kreuzkümmel, Koriander und Kurkuma unterrühren.

> Ghee in einer Pfanne erhitzen. Kreuzkümmel kurz darin anbraten und die Gewürzpaste hineingeben. Bei geringer Hitze 1 Minute rühren. Okraschoten, Zucker, Zitronensaft, Salz und 4 EL Wasser hinzugeben. Bei schwacher Hitze 10 Minuten köcheln lassen.

> Nährwerte pro Person:
222 kcal, 929 kJ, 2 g EW, 20 g F, 8 g KH

Die im Geschmack milden Okraschoten sind bei uns weniger bekannt, werden jedoch in Indien gern gegessen. Sie sind länglich und haben eine kantige Form. Schneidet man sie auf, sondern sie einen schleimigen Saft ab, der sich auch zum Eindicken von Soßen gut eignet.

Gemüse-Reis-Curry [gelingt leicht]

FÜR 4 PERSONEN:
1 Zwiebel
250 g grüne Bohnen
2 Möhren
1 grüne Paprikaschote
100 g Kartoffeln
150 g TK-Erbsen
2 1/2 EL Ghee oder Butterschmalz
2 TL Salz
275 g Basmatireis
3/4 TL Garam Masala
2 EL Koriandergrün, gehackt

> Zwiebel schälen und fein hacken. Bohnen putzen, waschen und in 5 cm lange Stücke schneiden. Möhren schälen, waschen und in Scheiben schneiden.

> Paprikaschote halbieren, von Kernen und weißen Innenwänden befreien und in Streifen schneiden. Kartoffeln schälen, waschen und in kleine Stücke würfeln. Erbsen in einem Sieb auftauen lassen.

> In einem Topf Ghee erhitzen. Zwiebel und Salz hinzufügen und unter Rühren goldbraun anschwitzen. Reis hineingeben und kurz mitbraten. Bohnen, Möhren, Paprika und Kartoffeln zugeben und Garam Masala unterrühren.

> Mit ca. 850 ml Wasser übergießen und unter Rühren zum Kochen bringen. 5 Minuten kochen lassen, dann auf mittlere Hitze schalten. Deckel aufsetzen und ca. 20 Minuten garen. Mit Koriandergrün bestreut servieren.

> Nährwerte pro Person:
336 kcal, 1409 kJ, 7 g EW, 25 g F, 30 g KH

Currys mit Seafood

JUNGE KÜCHE

Süßsaures Garnelencurry mit Cranberrys [Abb.]

FÜR 4 PERSONEN:

400 g Garnelen, küchenfertig
4 Möhren
2 Frühlingszwiebel
2 Knoblauchzehe
5 cm frische Ingwerwurzel
2 Stängel Koriander
1 Limette (unbehandelt)
2 TL Sonnenblumenöl
60 g getrocknete Cranberrys
Sojasoße
2 TL Honig
Pfeffer aus der Mühle

> Garnelen abspülen und abtupfen. Möhren schälen, waschen und klein schneiden. Frühlingszwiebeln putzen, waschen und schräg in Stücke schneiden.

> Knoblauch und Ingwer schälen und sehr fein hacken. Koriander abbrausen, trocken schütteln, Blätter abzupfen und fein hacken. Limette heiß waschen, trocken reiben und in Scheiben schneiden.

> Sonnenblumenöl in einem Topf erhitzen. Die Garnelen darin ca. 3 Minuten unter Rühren anbraten und anschließend herausnehmen. Knoblauch und Ingwer im verbliebenen Bratfett andünsten.

> Möhren, Frühlingszwiebeln, Cranberrys, Limettenscheiben und 100 ml Wasser zugeben und das Ganze ca. 8 Minuten schmoren. Garnelen zufügen und mit ein wenig Sojasoße, Honig und Pfeffer würzen. Koriander darüberstreuen und servieren.

> Nährwerte pro Person: 277 kcal, 945 kJ, 21 g EW, 7 g F, 19 g KH

Fischmasala [für Feinschmecker]

FÜR 4 PERSONEN:

500 g Fischfilet (z. B. Viktoriabarsch)
Salz
1 rote Zwiebel
1 Knoblauchzehe
5 cm frische Ingwerwurzel
2 EL Ghee oder Butterschmalz
1 EL Garam Masala
1 TL Curryblätter, zerrieben
Pfeffer aus der Mühle
1/4 l Kokosmilch
50 ml Tamarindensaft

> Fisch kalt abspülen, trocken tupfen, salzen und in 2 cm große Stücke schneiden. Zwiebel schälen und in feine Scheiben schneiden. Knoblauch schälen und fein hacken. Ingwer schälen und fein raspeln.

> Ghee in einer Pfanne erhitzen. Zwiebel und Knoblauch darin glasig dünsten. Garam Masala darüberstreuen und kurz anrösten. 1/4 des Ingwers zugeben und bei schwacher Hitze anbraten lassen.

> Curryblätter zugeben und mit Salz und Pfeffer würzen. Fisch in die Pfanne geben und vorsichtig umrühren. Mit Kokosmilch und Tamarindensaft aufgießen. Alles gut verrühren und aufkochen lassen. Danach bei schwacher Hitze 6–8 Minuten gar ziehen lassen. Restliche Ingwerraspel darüberstreuen.

> Nährwerte pro Person: 236 kcal, 988 kJ, 30 g EW, 11 g F, 6 g KH

Garnelen in Kokosmilch [Abb.]

FÜR 4 PERSONEN:
600 g ungeschälte Garnelen ohne Darm
4 Knoblauchzehen
2 EL Ghee oder Butterschmalz
1 Lorbeerblatt
2 TL Kurkuma
½ TL Chilipulver
1 TL Garam Masala
200 ml Kokosmilch
1 TL Zucker
Salz

> Garnelen waschen und trocken tupfen. Knoblauch schälen und in Scheiben schneiden.

> Ghee in einer Pfanne erhitzen, Lorbeerblatt darin unter Rühren 1 Minute anbraten. Kurkuma, Chilipulver und Garam Masala dazugeben und 1 Minute braten, dabei ständig rühren.

> Die Hälfte der Kokosmilch zugießen, Zucker einrühren, salzen und bei starker Hitze 3 Minuten kochen lassen.

> Garnelen in die Soße legen und zugedeckt bei schwacher Hitze 5 Minuten garen. Die restliche Kokosmilch zugießen und bei mittlerer Hitze weitere 5 Minuten köcheln lassen.

> Nährwerte pro Person: 260 kcal, 1088 kJ, 19 g EW, 13 g F, 17 g KH

Lachsspieße auf Linsengemüse [ganz einfach]

FÜR 4 PERSONEN:
600 g Lachsfilet
1 TL Garam Masala
Öl für die Holzspieße
4 EL Olivenöl
200 g Linsen
2 rote Zwiebeln
1 Knoblauchzehe
Saft von 1 Limette
Salz
Pfeffer aus der Mühle
1 Handvoll Korianderblätter

> Lachs abspülen, trocken tupfen und in fingerdicke Streifen schneiden. Ziehharmonikaartig auf leicht geölte Holzspieße stecken. Garam Masala mit 2 EL Olivenöl verrühren und den Lachs damit bepinseln. Abgedeckt 30 Minuten kühl stellen.

> Linsen in einem Topf mit Wasser 25–30 Minuten kochen. Zwiebeln schälen und in feine Streifen schneiden. Knoblauch schälen.

> Linsen abgießen und zurück in den Topf schütten. Mit Zwiebeln, Limettensaft und restlichem Olivenöl verrühren. Knoblauch dazupressen und unterrühren. Mit Salz und Pfeffer würzen und anschließend warm stellen.

> Eine große beschichtete Pfanne heiß werden lassen. Die Lachsspieße darin von jeder Seite 2 Minuten braten. Mit Salz und Pfeffer würzen. Linsen auf Teller geben und die Lachsspieße darauf anrichten. Mit Korianderblättern bestreut servieren.

> Nährwerte pro Person: 404 kcal, 1690 kJ, 41 g EW, 14 g F, 30 g KH

Das Gericht ist für 4 Personen als Hauptgericht gedacht. Für 8 Personen können Sie es auch als Vorspeise servieren.

Schellfischcurry mit Garnelen

FÜR 4 PERSONEN:

450 g Schellfischfilet
1 TL Paprikapulver
2 TL Kurkuma
2 TL Garam Masala
2 Zwiebeln
4 Knoblauchzehen
je 1/2 rote und grüne Paprikaschote
4 EL Ghee oder Butterschmalz
2 TL Ingwer, frisch gerieben
1 TL Senfkörner
425 g Tomaten (Dose)
300 ml Kokosmilch
200 g Garnelen, küchenfertig
1 EL Koriandergrün, gehackt

[würzig-aromatisch]

> Schellfischfilet kalt abspülen, trocken tupfen und in mundgerechte Stücke schneiden. Paprikapulver, Kurkuma und Garam Masala mischen und den Fisch damit einreiben. Übriges Gewürz beiseitestellen.

> Zwiebeln und Knoblauch schälen und fein hacken. Paprikaschoten von Kernen und weißen Innenwänden befreien, waschen und in feine Würfel schneiden.

> Ghee in einer großen Pfanne erhitzen, Zwiebeln und Knoblauch darin anschwitzen. Ingwer, Paprikawürfel, restliche Gewürzmischung und Senfkörner zugeben und kurz mitrösten.

> Tomaten und Kokosmilch in die Pfanne geben und ca. 10 Minuten köcheln lassen, dabei immer wieder umrühren. Gewürzten Fisch und Garnelen hineingeben und ca. 5 Minuten garen.

> Das Fischcurry mit Koriander bestreut servieren.

> Nährwerte pro Person:
312 kcal, 1306 kJ, 32 g EW, 14 g F, 14 g KH

Dazu passt gewürzter Reis mit Cashewkernen: 1 Chilischote waschen, entkernen und fein hacken. 100 g Cashewkerne in einer Pfanne ohne Fett goldbraun rösten. 2 Knoblauchzehen und 2 Zwiebeln schälen und fein hacken. 1 EL Ghee oder Butterschmalz in einer Pfanne erhitzen, Knoblauch und Zwiebeln zugeben und glasig dünsten. Chili und 250 g Reis zugeben und verrühren. Mit ca. 1/2 l Wasser aufgießen, aufkochen, 2 zerriebene Curryblätter und etwas frisch geriebene Muskatnuss zufügen, salzen und pfeffern. Zugedeckt bei schwacher Hitze ca. 20 Minuten kochen, bis der Reis weich ist.

Fischfilet in Senfsoße [einfach gut]

FÜR 4 PERSONEN:

600 g Fischfilet (z. B. Seelachs-, Kabeljau- oder Rotbarschfilet)
2 Tomaten
1 rote Paprikaschote
2 mittelgroße festkochende Kartoffeln
2 rote Chilischoten
4 cm frische Ingwerwurzel
2 TL mildes Senfmehl
5 EL Senföl
2 TL Kurkuma
2 TL gemahlener Kreuzkümmel
2 TL Paprikapulver edelsüß
4 EL Joghurt
½ TL Salz
1 EL Petersilie, frisch gehackt

> Fischfilets kalt abspülen und trocken tupfen. In 4 cm breite Streifen schneiden. Tomaten waschen, überbrühen, abschrecken, häuten und ohne Stielansätze vierteln.

> Paprikaschote halbieren, von weißen Innenwänden und Kernen befreien und waschen. Anschließend vierteln und dreimal quer durchschneiden. Kartoffeln schälen, waschen, halbieren und in breite Stäbchen schneiden.

> Chilischoten längs halbieren, entkernen, waschen und in feine Streifen schneiden. Ingwer schälen und fein reiben. Senfmehl mit 6 EL warmem Wasser verrühren und quellen lassen.

> Senföl in einer hohen Pfanne mittelstark erhitzen. Chilischoten, Ingwer, Kurkuma, Kreuzkümmel und Paprikapulver darin unter Rühren 3 Minuten rösten. Joghurt, Tomatenviertel und Paprikastücke unterrühren. Bei mittlerer Hitze 5 Minuten unter Rühren kochen lassen. 150 ml Wasser zugießen und aufkochen.

> Senfmehl durch ein Sieb dazugießen. Kartoffeln unterrühren und 5 Minuten mitdünsten. Salzen und Fisch in die Soße legen. Fisch halb zugedeckt bei schwacher Hitze 10–12 Minuten ziehen lassen, bis Fisch und Kartoffeln gar sind. Fisch dabei immer wieder mit der Soße beschöpfen. Mit Petersilie bestreut servieren.

> Nährwerte pro Person:
220 kcal, 921 kJ, 36 g EW,
5 g F, 9 g KH

Senfmehl wird aus geschälten Senfsamen hergestellt. Es verbessert die Verdauung fetter Speisen und wirkt wie Kurkuma durchblutungsfördernd. Diese Wirkung wird durch das in den Chilischoten enthaltene Capsaicin noch gesteigert.

Seelachscurry mit Romanesco und Paprikareis [gut kombiniert]

FÜR 4 PERSONEN:

1 rote Paprikaschote
400 g Basmatireis
Salz
700 g Seelachsfilet
300 g Romanesco
2 EL Öl
3 EL Currypulver
300 ml Kokosmilch
2 TL gekörnte Gemüsebrühe (z. B. von Knorr)
1 EL helle Mehlschwitze
Limettensaft
Zucker
Cayennepfeffer
2 EL geröstete Mandelblättchen

> Paprikaschote von Kernen und weißen Innenwänden befreien, waschen und in kleine Würfel schneiden. 1 l Wasser aufkochen. Reis, Paprikawürfel und 1 Prise Salz hineingeben. Zugedeckt bei schwacher Hitze ca. 20 Minuten garen.

> Seelachsfilet kalt abspülen, trocken tupfen und in mundgerechte Stücke zerteilen. Romanesco waschen, in Röschen teilen und in kochendem Salzwasser ca. 5 Minuten garen. Anschließend herausnehmen, kalt abschrecken und abtropfen lassen.

> Öl in einer beschichteten Pfanne erhitzen. Den Fisch darin von allen Seiten unter Wenden braten, mit Curry bestäuben, kurz anschwitzen lassen und herausnehmen. Romanesco in die Pfanne geben, unter Wenden anbraten und ebenfalls herausnehmen.

> 400 ml Wasser und Kokosmilch in die Pfanne gießen und aufkochen. Brühe und Mehlschwitze einrühren, aufkochen und 1–2 Minuten bei schwacher Hitze kochen.

> Fisch und Romanesco wieder zufügen, mit Limettensaft, Zucker und Cayennepfeffer abschmecken und mit Mandeln bestreut servieren. Dazu den Paprikareis reichen.

> Nährwerte pro Person:
490 kcal, 2047 kJ, 29 g EW, 14 g F, 62 g KH

Ein wenig frisch geriebener Ingwer verleiht dem Gericht noch mehr Würze. Romanesco ist eine italienische Zuchtvariante des Blumenkohls. Er enthält mehr Vitamin C, ist besser verdaulich und hat ein intensiveres Aroma als herkömmlicher Blumenkohl.

Kartoffel-Fisch-Curry mit Garnelen

FÜR 4 PERSONEN:

400 g Viktoriabarschfilet
100 g Garnelen, küchenfertig
Saft von 1 Limette
Salz
Pfeffer aus der Mühle
500 g festkochende Kartoffeln
1 kleine Zwiebel
2 Knoblauchzehen
4 cm frische Ingwerwurzel
1 rote Chilischote
3 EL Sonnenblumenöl
1 EL Currypulver
400 ml Fischfond (Glas)
1 große rote Paprikaschote
1 Stange Lauch

[macht satt]

> Fischfilet und Garnelen kurz kalt abbrausen, dann trocken tupfen. Fischfilet in Würfel schneiden. Limette auspressen. Fischwürfel und Garnelen mit dem Limettensaft beträufeln und mit Salz und Pfeffer würzen.

> Kartoffeln schälen, waschen und in ca. 1 cm große Würfel schneiden. Zwiebel und Knoblauch schälen und fein hacken. Ingwer schälen und sehr fein hacken. Chilischote putzen, waschen und klein würfeln.

> In einem Topf 2 EL Öl erhitzen und die Kartoffeln darin bei mittlerer Hitze rundherum bräunen. Zwiebel, Knoblauch, Ingwer und Chili dazugeben und 2 Minuten mitbraten. Currypulver darüberstäuben und kurz anschwitzen. Den Fond angießen, alles aufkochen und bei schwacher Hitze kochen lassen.

> Inzwischen die Paprikaschote halbieren, putzen, waschen und in 1 1/2 cm große Würfel schneiden. Lauch putzen, gründlich waschen und dann in Ringe schneiden.

> In einer Pfanne 1 EL Öl erhitzen. Das Gemüse darin unter gelegentlichem Rühren anbraten, danach mit den Fischstücken und den Garnelen zu den Kartoffeln geben.

> Alles aufkochen lassen und zugedeckt bei schwacher Hitze in ca. 5 Minuten gar ziehen lassen. Das Curry vor dem Servieren mit Salz und Pfeffer abschmecken.

> Nährwerte pro Person:
325 kcal, 1365 kJ, 29 g EW, 13 g F, 21 g KH

Und nach dem Essen? Ein Masala-Kaffee: 1/2 l Milch und 2 EL Zucker in einem Topf erhitzen und vom Herd nehmen. 2 EL gemahlenen Kaffee, 1 TL Zimtpulver, 1/2 TL gemahlenen Kardamom und 1 TL frisch geriebenen Ingwer hinzufügen und ca. 3 Minuten ziehen lassen. Anschließend die Milch durch einen feinen Kaffeefilter gießen und auf 4 Tassen verteilen.

Garnelen-Zucchini-Curry mit Tomaten

[aromatisch]

FÜR 4 PERSONEN:
350 g Zucchini
1 1/4 TL Salz
50 g Ghee oder Butterschmalz
5 Knoblauchzehen
1 Bd. Koriander
1 grüne Chilischote
1/2 TL Kurkuma
1 1/2 TL gemahlener Kreuzkümmel
1/2 TL Cayennepfeffer
3 Tomaten, gehäutet
1/8 l Tomatensaft
2 cm frische Ingwerwurzel
1 Schuss Zitronensaft
350 g Garnelen, küchenfertig

> Zucchini waschen und in garnelengroße Stifte schneiden. Mit 1/4 TL Salz bestreuen und 30 Minuten zugedeckt ziehen lassen. Anschließend in einem Sieb abtropfen lassen und trocken tupfen.

> Ghee in einer Pfanne erhitzen. Knoblauchzehen schälen, fein hacken und im Ghee goldbraun anbraten.

> Koriander waschen, trocken schütteln und fein hacken. Mit den Zucchini in die Pfanne geben. Chilischote waschen, entkernen, fein hacken und zugeben.

> Kurkuma, Kreuzkümmel und Cayennepfeffer zugeben. Tomaten würfeln und mit dem Saft zufügen. Ingwer schälen und fein reiben, mit dem Zitronensaft und 1 TL Salz in die Pfanne geben. Alles gut vermengen und aufkochen lassen.

> Garnelen in die Pfanne legen, 3 Minuten köcheln lassen und anschließend servieren.

> Nährwerte pro Person:
256 kcal, 1076 kJ, 14 g EW, 14 g F, 19 g KH

Statt der Zucchini können Sie das Curry auch mal mit Auberginen ausprobieren.

Muschelcurry [ein Genuss]

FÜR 4 PERSONEN:
ca. 25 Miesmuscheln
1 grüne Chilischote
2 cm frische Ingwerwurzel
5 Knoblauchzehen
3 Zwiebeln
3 EL Sesamöl
1/4 TL Kurkuma
1 1/2 TL gemahlener Kreuzkümmel
1/4 frische Kokosnuss
1/2 TL Salz

> Muscheln waschen, dabei geöffnete wegwerfen. Chilischote entkernen, waschen und fein hacken. Ingwer schälen und grob hacken. Knoblauchzehen schälen, mit Ingwer und 4 EL Wasser im Mixer zu einer Paste zerkleinern. Zwiebeln schälen und fein hacken.

> Öl in einem Topf erhitzen, Zwiebeln unter Rühren darin glasig braten. Ingwer-Knoblauch-Paste, Chilischote, Kurkuma und Kreuzkümmel zugeben. 1 Minute unter Rühren anbraten.

> Kokosnuss von der Schale befreien, Fruchtfleisch fein raspeln, mit Salz in den Topf geben, 1/4 l Wasser zugießen und aufkochen lassen. Zugedeckt bei schwacher Hitze 10 Minuten garen.

> Wenn sich alle Muscheln geöffnet haben, sofort servieren; dabei Muscheln, die sich nicht öffnen, entfernen, da sie ungenießbar sind.

> Nährwerte pro Person:
198 kcal, 829 kJ, 5 g EW, 17 g F, 8 g KH

Currys mit Hähnchen

JUNGE KÜCHE

Hähnchencurry mit getrockneten Aprikosen [extrafein]

FÜR 4 PERSONEN:

1 große Tasse (300 ml) Basmatireis
1 Zimtstange
4 Gewürznelken
2 Kardamomkapseln
1 TL gemahlener Kreuzkümmel
Salz
4 Hähnchenbrustfilets
1 Zwiebel
2 Knoblauchzehen
1 walnussgroßes Stück Ingwer
8 getrocknete Aprikosen
50 g Cashewkerne (z. B. von Alnatura)
4 EL Rapsöl
2 TL Currypulver
2 Dosen Tomatenstücke (à 400 g)
200 ml Kokosmilch
Pfeffer aus der Mühle

> Basmatireis mit Zimt, Nelken, Kardamom und Kreuzkümmel in einen Topf geben. 2 große Tassen Wasser sowie etwas Salz hinzufügen und aufkochen lassen.

> Den Herd auf die niedrigste Stufe stellen und den Reis im geschlossenen Topf ausquellen lassen. Vor dem Servieren Zimtstange, Nelken und evtl. Kardamomkapseln entfernen.

> Hähnchenfleisch waschen, trocken tupfen und in 2 cm große Würfel schneiden. Zwiebel, Knoblauch und Ingwer schälen und fein würfeln. Aprikosen vierteln, Cashewkerne grob hacken.

> Rapsöl in einer großen Pfanne erhitzen, Hähnchenfleisch von allen Seiten darin anbraten und aus der Pfanne nehmen. Zwiebel-, Knoblauch- und Ingwerwürfel in der Pfanne andünsten.

> Cashewkerne und Currypulver kurz mitrösten, dann Tomatenstücke samt Saft dazugeben. Kokosmilch und Aprikosenstückchen zufügen.

> Die Soße aufkochen und mit Salz und Pfeffer abschmecken. Fleisch in die Soße geben und bei milder Hitze gar ziehen lassen. Den Reis zu dem Curry servieren.

> Nährwerte pro Person:
650 kcal, 2722 kJ, 45 g EW, 70 g F, 20 g KH

Dazu passt ein Mangolassi: dafür 3 Mangos schälen und das Fruchtfleisch klein schneiden. 2 TL Zucker, 1 l kalte Milch, 8 EL Quark und Mangostücke in einen Mixer geben und schön schaumig schlagen. In Gläser füllen und mit Pfefferminze oder Zitronenmelisse garnieren.
Lassi sind in Indien ein beliebtes Erfrischungsgetränk. Sie werden meist aus Milch und Joghurt zubereitet und auch zum Essen serviert, da sie pikanten Speisen die Schärfe nehmen.

Hähnchencurry mit Pflaumenchutney

FÜR 4 PERSONEN:

Für das Hähnchen:
400 g Hähnchenbrustfilet
2 rote Paprikaschoten
2 Kohlrabi
2 große Zwiebeln
1 Knoblauchzehe
2 cm Ingwerwurzel
4 EL Öl
1/4 l trockener Weißwein
100 g Sahne
Salz, Pfeffer
2 TL gekörnte Hühnerbrühe
2 EL rote Currypaste
1–2 EL Sojamehl
50 g TK-Erbsen
1 EL Koriander, frisch gehackt
Für das Chutney:
250 g Pflaumen
250 g Pfirsiche
1 große Zwiebel
2 cm frische Ingwerwurzel
1 EL Öl
1 EL Fruchtzucker
2–3 EL Balsamico-Essig
Salz, Pfeffer

[pikant-fruchtig]

> Fleisch kalt abwaschen, trocken tupfen und in 1–2 cm große Stücke schneiden. Paprikaschoten waschen, Kerne und weiße Innenwände entfernen. Kohlrabi schälen und wie die Paprika in 1 cm große Stücke schneiden.

> Zwiebeln, Knoblauch und Ingwer schälen. Zwiebeln würfeln, Knoblauch und Ingwer sehr fein schneiden. 2 EL Öl in einer Pfanne erhitzen und Zwiebeln, Knoblauch und Ingwer darin ca. 5 Minuten andünsten.

> Kohlrabi dazugeben, 1/4 l Wasser angießen und das Gemüse zugedeckt 10 Minuten dünsten. Paprika dazugeben und ca. 5 Minuten bei schwacher Hitze mitschmoren.

> In einer zweiten Pfanne das restliche Öl erhitzen. Fleischstücke darin ca. 5 Minuten anbraten. Wein und Sahne angießen. Mit Salz, Pfeffer, Brühe und Currypaste würzen. Sojamehl dazugeben. Erbsen einrühren und alles 2–3 Minuten leicht kochen lassen. Eventuell noch etwas Kochwasser aufgießen. Den Koriander darüberstreuen.

> Für das Chutney die Pflaumen waschen. Pfirsiche mit kochendem Wasser übergießen und einige Minuten darin liegen lassen. Pflaumen entsteinen und fein würfeln. Zwiebel schälen und in Streifen schneiden. Ingwer schälen und sehr fein hacken.

> Öl in einem Topf erhitzen, Zwiebel dazugeben und unter Rühren goldgelb braten. Zucker darüberstreuen und karamellisieren lassen. Pflaumen dazugeben und einkochen lassen.

> Pfirsiche schälen, halbieren, entsteinen, würfeln und ebenfalls dazugeben. Das Chutney noch ca. 5 Minuten leicht kochen lassen. Mit Essig, Salz und Pfeffer abschmecken und zum Hähnchen servieren.

> Nährwerte pro Person:
488 kcal, 2038 kJ, 31 g EW,
24 g F, 25 g KH

Dazu passt Tomatenraita: 600 g Joghurt in einer Schüssel cremig rühren, mit etwas Salz, 1 Msp. Chilipulver, 1/2 TL Currypulver und Pfeffer würzen. 1 Zwiebel und 1 Knoblauchzehe schälen, fein hacken und unter den Joghurt mischen. 2 große Tomaten heiß überbrühen, abschrecken, häuten und ohne die Kerne klein würfeln. Unter den Joghurt rühren und mit Salz abschmecken.

Hähnchencurry mit Safran und Mandeln [ein Aromaerlebnis]

FÜR 4 PERSONEN:

600 g Hähnchenbrustfilet
½ TL Safranfäden
220 g Joghurt
1 TL Kurkuma
½ TL Chilipulver
½ TL Paprikapulver rosenscharf
Salz
3 Knoblauchzehen
4 cm frische Ingwerwurzel
1 rote Chilischote
2 EL Ghee oder Butterschmalz
200 ml Kokosmilch
5 Curryblätter
60 g gemahlene Mandeln
3 TL Kokosraspel
½ TL Zimtpulver

> Hähnchenbrustfilet waschen, trocken tupfen und in schmale Streifen schneiden. Safran in 2 EL heißem Wasser auflösen und mit dem Joghurt verrühren.

> Kurkuma, Chili- und Paprikapulver und etwas Salz zum Joghurt rühren und mit dem Fleisch gründlich vermengen. Abgedeckt ca. 1 Stunde ziehen lassen.

> Knoblauch und Ingwer schälen und fein hacken. Chilischote von Kernen befreien, waschen und in feine Ringe schneiden. Butterschmalz in einer Pfanne erhitzen, Knoblauch und Ingwer darin kurz andünsten. Fleisch hinzufügen und unter Rühren darin anbraten.

> Kokosmilch angießen, Chili und Curryblätter hineingeben und zugedeckt bei schwacher Hitze ca. 15 Minuten köcheln lassen.

> Mandeln, Kokosraspel und Zimt hinzufügen und noch ca. 5 Minuten erhitzen. Anschließend heiß in Schälchen servieren.

> Nährwerte pro Person:
377 kcal, 1574 kJ, 35 g EW, 24 g F, 6 g KH

Reichen Sie dazu Reis und Papadam.

Ghee lässt sich recht einfach auch selbst herstellen: dazu ca. 1 kg Butter in einem schweren Topf langsam zerlassen, dabei nicht braun werden lassen. Anschließend einmal aufkochen und danach ca. 30 Minuten bei schwacher Hitze köcheln lassen, bis das Ghee ganz klar und goldfarben wird. Nun durch ein mit Küchenpapier ausgelegtes Sieb gießen. Das Ghee in Gläser füllen und im Kühlschrank aufbewahren. So hält es sich einige Monate.

Chapati, Naan, Chutneys & Raitas: die perfekten Begleiter

Zu einem echten Currygericht gehört neben Reis auch das richtige Brot sowie eine Auswahl an verschiedenen Chutneys und Raitas.

Chapati ist ein Fladenbrot, das in der Pfanne zubereitet wird. Naan wird traditionell aus Hefeteig in einem Lehmofen gebacken. Papadam, indische Linsenfladen, gibt es fertig abgepackt im Asialaden zu kaufen.

Die süßsauren, sehr aromatischen Würzsoßen werden Chutneys genannt. Dafür wird klein geschnittenes Obst und Gemüse mit wenig Flüssigkeit so lange gekocht, bis ein dickflüssiger Dip entsteht. Durch die Zugabe von Gewürzen wie Ingwer, Kreuzkümmel oder Chilipulver bekommt jedes Chutney seinen individuellen Geschmack. Zwar gibt es bei uns mittlerweile unzählige Chutneyvariationen zu kaufen, doch schmeckt Selbstgemachtes immer noch am besten.

Raitas sind nichts anderes als kalte Joghurtbeilagen, die aus Gemüse und pikanten Gewürzen zubereitet werden.

Chapati

> 300 g Weizenmehl in eine Schüssel sieben, 1/2 TL Salz zufügen, nach und nach 175 ml Wasser zugeben und alles mit den Händen zu einem weichen, glatten Teig verarbeiten und 10–15 Minuten kneten. Zu einer Kugel formen, mit einem feuchten Tuch bedecken und 30 Minuten ruhen lassen.

> Eine gusseiserne Pfanne auf mittlere Hitze erwärmen, dann auf schwache Hitze reduzieren. Teig mit bemehlten Händen erneut durchkneten, in 15 Stücke teilen und zu Kugeln formen. Arbeitsfläche mit Mehl bestäuben und Teigkugeln in Pfannengröße ausrollen. Fladen von einer Hand in die andere schlagen, um das Mehl abzuschütteln.

> Fladen nacheinander in die Pfanne legen und von jeder Seite ca. 1 Minute backen, bis sie leicht bräunlich sind.

Nach dem Ausbacken die Chapatis in ein Küchentuch einschlagen und bis zum Servieren im auf 50 Grad vorgeheizten Backofen warm halten.

Naan

> 150 ml Milch mit 2 TL Zucker und 1/2 Würfel frischer Hefe verrühren. Zugedeckt 15 Minuten gehen lassen. 500 g Weizenmehl mit 1/2 TL Salz und 1 TL Backpulver in einer Schüssel mischen. Hefemilch, 2 EL Sonnenblumenöl, 150 g Joghurt und 1 Ei nacheinander untermengen. Teig so lange kneten, bis er elastisch ist und sich von der Schüssel löst. Zugedeckt an einem warmen Ort ca. 1 Stunde gehen lassen.

> Ofen auf 220 Grad vorheizen, Blech leicht einfetten. Teig kurz durchkneten und in 6 Teile schneiden. Auf einer bemehlten Fläche jedes Teigstück tropfenförmig ca. 1 cm dick ausrollen. Brote in ca. 8 Minuten zu bräunlicher Farbe backen und bis zum Servieren warm halten.

Tomatenchutney

> 6 kleine Tomaten waschen, putzen und vierteln. 3 cm frische Ingwerwurzel schälen und fein reiben. 100 g Rosinen waschen und trocken tupfen. Alles mit 100 g Zucker in einen Topf geben und bei schwacher Hitze ca. 10 Minuten köcheln lassen, bis die Masse dickflüssig ist.

> 1/2 TL Kurkuma und wenig Salz zugeben und weitere 5 Minuten zugedeckt schmoren lassen. Je 1 TL Fenchel- und Kreuzkümmelsamen grob zerstoßen und mit 1 EL Butterschmalz in einer Pfanne erhitzen. Unter die Tomaten rühren. Mit dem Saft von 1/2 Zitrone abschmecken. Nach Wunsch mit Kreuzkümmelsamen bestreut servieren.

Ananaschutney

> 1 kleine Ananas schälen und in kleine Würfel schneiden. 1 grüne Chilischote entkernen, waschen und in Ringe schneiden. Beides mit 1/2 TL Kurkuma, 1 Msp. Piment, 1 Msp. Kardamom, etwas Salz und ein wenig Wasser in einem Topf erhitzen und bei kleiner Hitze ca. 20 Minuten köcheln lassen. Gegebenenfalls etwas Wasser zugeben und nach Bedarf mit Stärke binden.

Füllen Sie die gekochten Chutneys in Einmachgläser. So halten sie sich im Kühlschrank bis zu einem Monat.

Mango-Kumquat-Chutney

> 2 Mangos schälen, vom Kern lösen und Fruchtfleisch in Würfel schneiden. 100 g Kumquats waschen, in Scheiben schneiden und dabei die Kerne entfernen. Mangos und Kumquats in einen Topf geben, 1/4 l Apfelessig dazugießen und 10 Minuten kochen.

> 250 g Zucker, 1 TL Salz und je 1/2 TL Kardamom- und Fenchelsamen zugeben und bei schwacher Hitze unter häufigem Rühren 40–50 Minuten kochen, bis das Chutney dickflüssig geworden ist. Einmachgläser mit dem heißen Chutney randvoll füllen und verschließen.

Kumquats, auch Zwergorangen genannt, sind mit den Zitrusfrüchten verwandt. Sie werden kaum länger als 4 cm. Das Fruchtfleisch schmeckt säuerlich, die Schale herbsüßlich. Die Früchte sind reich an Vitamin C, Kupfer und Kalium.

Möhrenraita

> 600 g Joghurt mit etwas Salz und Pfeffer, 1/2 TL Kurkuma, 1/2 TL gemahlenem Koriander und 1 Msp. Currypulver cremig verrühren. 2 Möhren schälen, fein reiben und unter den Joghurt mischen. 2 Stängel Koriander waschen, trocken schütteln, fein hacken und darüberstreuen.

Gurkenraita

> 1 Salatgurke waschen, längs halbieren, mit einem Löffel die Kerne entfernen. Gurke fein raspeln. 2 Frühlingszwiebeln putzen, waschen und fein hacken. 3 cm frische Ingwerwurzel schälen, fein hacken. 2 Stängel Minze abbrausen, trocken schütteln und fein hacken. 400 g Joghurt mit 3 EL Limettensaft, Gurkenraspeln, Frühlingszwiebeln, Ingwer und Minze verrühren. Mit Salz und Pfeffer abschmecken.

Satayspieße mit Hähnchenfleisch

FÜR 4 PERSONEN:

350 g Hähnchenbrustfilet
½ Bd. Koriander
1 Stiel Zitronengras
4 EL Kokosmilch
1 EL Currypulver
1 EL Zucker
1 TL Salz
4 EL Sojaöl

[thailändisch inspiriert]

> Hähnchenbrust kalt abspülen, trocken tupfen und in dünne Streifen schneiden. Die Fleischstreifen der Länge nach auf Bambusspieße oder lange Holzspieße stecken.

> Koriandergrün waschen, trocken schütteln, die Blättchen von den Stängeln zupfen und fein hacken. Zitronengras waschen und klein schneiden.

> Koriander, Zitronengras, Kokosmilch, Curry, Zucker und Salz mit 2 EL Sojaöl verrühren. Die Spieße für mindestens 6 Stunden in dieser Mischung marinieren.

> Eine Grillpfanne mit 2 EL Sojaöl auspinseln und die Hähnchenspieße auf beiden Seiten ca. 2 Minuten kräftig anbraten. Vor dem Servieren kurz auf Küchenpapier abtropfen lassen.

> Nährwerte pro Person:
255 kcal, 1067 kJ, 19 g EW,
18 g F, 6 g KH

Sie können die Spieße auch bei starker Oberhitze im vorgeheizten Backofen in 6–7 Minuten grillen. Bestreichen Sie die Spieße dabei mit Kokosmilch. Das gibt zusätzliches Aroma.

Dazu passt eine Erdnusssoße: 120 ml Kokosmilch, ½ EL rote Currypaste, 1 EL Thai-Fischsoße (Glas), 1 EL braunen Zucker und 60 g geröstete, fein gehackte Erdnüsse in einen Topf geben und bei mittlerer Hitze ca. 5 Minuten kochen lassen. Den Topf anschließend vom Herd nehmen und die Soße bis zum Servieren warm halten.

Rotes Hähnchencurry mit Tomaten [Abb.]

FÜR 4 PERSONEN:
500 g Hähnchenbrustfilet
2 Knoblauchzehen
2 cm frische Ingwerwurzel
2 EL Sesamöl
½ l Kokosmilch
1 EL Tomatenmark
2 TL rote Currypaste
⅛ l Gemüsebrühe
500 g reife Tomaten
3 Stängel Thai-Basilikum
3 Stängel Koriander
Salz
Pfeffer aus der Mühle
Saft von ½ Zitrone

> Hähnchenbrust unter fließendem kaltem Wasser waschen, trocken tupfen und in ca. 3 cm breite Streifen schneiden. Knoblauch und Ingwer schälen und fein hacken.

> Öl in einer Pfanne erhitzen, Knoblauch und Ingwer darin unter Rühren kurz anschwitzen. Fleisch zufügen und kräftig anbraten. Kokosmilch, Tomatenmark, Currypaste und die Brühe unterrühren und das Ganze bei schwacher Hitze ca. 10 Minuten köcheln lassen.

> Tomaten heiß überbrühen, kalt abschrecken, enthäuten, halbieren, von Kernen befreien und das Fruchtfleisch in Spalten schneiden. Die Tomaten zum Fleisch geben und unterrühren.

> Basilikum und Koriander abbrausen, trocken schütteln, Blätter von den Stängeln zupfen, in Streifen schneiden und zum Curry geben. Das Ganze mit Salz, Pfeffer und Zitronensaft abschmecken und servieren.

> Nährwerte pro Person:
259 kcal, 1084 kJ, 29 g EW,
11 g F, 12 g KH

Grünes Hähnchencurry [bunt gemischt]

FÜR 4 PERSONEN:
400 g Hähnchenbrustfilet
100 g Zuckerschoten, Salz
100 g Selleriestangen
1 rote Paprikaschote
150 g Bambusschösslinge, in Streifen geschnitten
400 ml Kokosmilch
3 TL grüne Currypaste
200 ml Hühnerbrühe
1 TL Zitronengras (Glas)
1 EL Koriander, frisch gehackt
3 EL Fischsoße (Glas)
10 Thai-Basilikumblätter

> Fleisch kalt abspülen, trocken tupfen und in feine Streifen schneiden. Zuckerschoten putzen, in Salzwasser blanchieren, abschrecken und abtropfen lassen. Sellerie putzen, waschen und in Scheiben schneiden.

> Paprikaschote waschen, halbieren, Kerne und weiße Innenwände entfernen und Fruchtfleisch in Streifen schneiden. Bambusschösslinge in einem Sieb abtropfen lassen.

> 3 EL Rahm von der Kokosmilch abschöpfen, im Wok erhitzen und ca. 2 Minuten aufkochen. Currypaste dazugeben und 2–3 Minuten anschwitzen. Verfärbt sich die Masse am Rand, restliche Kokosmilch und Hühnerbrühe angießen und kurz aufkochen lassen. Fleisch und Gemüse dazugeben und 10 Minuten köcheln lassen.

> Zitronengras, Koriander und Fischsoße einrühren und abschmecken. Curry in einer Schale anrichten und mit Thai-Basilikum garnieren.

> Nährwerte pro Person:
311 kcal, 1306 kJ, 37 g EW,
11 g F, 14 g KH

Hähnchen-Kokos-Curry [Abb.]

FÜR 4 PERSONEN:
300 g Möhren
3 Stiele Zitronengras
5 cm frische Ingwerwurzel
2 Knoblauchzehen
2 rote Chilischoten
500 g Hähnchenbrustfilet
1 EL Butterschmalz
(z. B. von Butaris)
2 EL Currypulver
400 ml Kokosmilch
2 TL gekörnte
Gemüsebrühe
2 Zitronenblätter
Salz
Koriander zum Garnieren

> Möhren schälen, waschen und in Scheiben schneiden. Zitronengras quer halbieren, jedes Stück einmal längs einritzen. Ingwer und Knoblauch schälen und fein hacken.

> Chilischoten längs halbieren, Kerne entfernen und Chili waschen. Hähnchenbrustfilet waschen, trocken tupfen und in mundgerechte Würfel schneiden.

> Butterschmalz in einer großen Pfanne erhitzen, Fleisch darin von allen Seiten unter Rühren anbraten. Möhren zugeben und mitbraten. Ingwer und Knoblauch zufügen.

> Anschließend Chili zugeben und unter Wenden 1–2 Minuten braten. Alles mit Currypulver bestäuben und Pulver kurz mitbraten. Mit Kokosmilch und 350 ml Wasser ablöschen, aufkochen und die gekörnte Brühe einrühren.

> Zitronenblätter waschen und trocken tupfen. Zitronengras und -blätter zugeben, zugedeckt bei milder Hitze ca. 10 Minuten köcheln lassen. Mit Salz und Curry abschmecken. Mit Koriander garniert servieren.

> Nährwerte pro Person:
204 kcal, 854 kJ, 31 g EW,
4 g F, 9 g KH

Hähnchen-Brokkoli-Curry [würzig]

FÜR 4 PERSONEN:
500 g Hähnchenbrustfilet
100 g Kirschtomaten
100 g Brokkoliröschen
2 Schalotten
1 gelbe Paprikaschote
300 g Basmatireis
400 ml Kokosmilch
4 TL rote Currypaste
200 ml Hühnerbrühe
1 TL Zitronengras (Glas)
1 TL Koriander, frisch
gehackt
2 EL Sojasoße, Salz

> Hähnchenbrustfilet kalt abbrausen, trocken tupfen und in feine Streifen schneiden. Tomaten waschen und halbieren. Brokkoli waschen, abtropfen lassen. Schalotten schälen und achteln. Paprikaschote halbieren, von Kernen und weißen Innenwänden befreien, waschen und das Fruchtfleisch in Streifen schneiden.

> Reis mit 450 ml Wasser in einen Topf geben, zum Kochen bringen, zudecken und bei schwacher Hitze ca. 15 Minuten köcheln lassen.

> 3 EL Kokosrahm in einer Pfanne erhitzen. Currypaste dazugeben und 2 Minuten anschwitzen. Restliche Kokosmilch und Hühnerbrühe angießen und aufkochen lassen. Fleisch und Gemüse dazugeben und 10 Minuten köcheln lassen.

> Curry mit Zitronengras, Koriander, Sojasoße und wenig Salz abschmecken. Reis in Schälchen anrichten, Curry darübergeben und servieren.

> Nährwerte pro Person:
679 kcal, 2851 kJ, 44 g EW,
23 g F, 74 g KH

Ananashähnchen in Currysoße

[fruchtig-pikant]

FÜR 4 PERSONEN:

2 rote Zwiebeln
1 Knoblauchzehe
3 cm frische Ingwerwurzel
600 g Hähnchenbrustfilet
2 Gewürznelken
4 Kardamomkapseln
2 TL rote Currypaste
Salz
Pfeffer aus der Mühle
1 EL Senfsamen
1/2 frische Ananas
2 EL Ghee oder Butterschmalz
1/2 l Kokosmilch

> Zwiebeln, Knoblauch und Ingwer schälen und fein würfeln. Hähnchenbrustfilet kalt abspülen, trocken tupfen und in mundgerechte Würfel schneiden.

> In einer Schüssel Fleisch mit Zwiebeln, Knoblauch, Ingwer, Nelken, Kardamom, Currypaste, Salz, Pfeffer und Senfsamen vermischen. Das Fleisch darin ca. 15 Minuten marinieren.

> Ananas schälen, harten Strunk entfernen und das Fruchtfleisch in kleine Würfel schneiden. Ghee in einer Pfanne erhitzen, die marinierten Hähnchenwürfel darin kräftig anbraten. Ananas zugeben und alles unter Rühren ca. 5 Minuten mitbraten.

> Das Ganze mit Kokosmilch ablöschen und unter Rühren heiß werden lassen. Vor dem Servieren mit Salz und Pfeffer abschmecken.

> Nährwerte pro Person:
433 kcal, 1612 kJ, 40 g EW, 18 g F, 28 g KH

Rote Currypaste selbst gemacht: 4 rote getrocknete Chilischoten in Stücke teilen, Kerne entfernen und in ein wenig warmem Wasser einweichen. 2 Schalotten, 2 Knoblauchzehen und 5 cm frische Ingwerwurzel schälen und fein hacken. 1/2 Stiel Zitronengras putzen, waschen und den hellen Teil in dünne Ringe schneiden. Alles mit je 1 TL gemahlenem Kreuzkümmel, Koriandersamen und Pfefferkörnern im Mörser zu einer feinen Paste zerstoßen. Mit Salz, Pfeffer und ein wenig Muskatnuss würzen und zum Schluss 1 TL Garnelenpaste unterrühren.

Currys mit Rind & Lamm

JUNGE KÜCHE

Grünes Rindfleischcurry [bunt gemischt]

FÜR 4 PERSONEN:

500 g Rinderfilet
4 EL Fischsoße (Glas)
200 g Bambussprossen (Dose)
je 1 kleine rote und grüne Paprikaschote
1 Stängel Thai-Basilikum
400 ml Kokosmilch
1 EL grüne Currypaste
Salz
1 Prise Zucker

> Fleisch kalt abspülen, trocken tupfen und quer zur Faser in dünne Streifen schneiden. In einer Schüssel mit der Fischsoße mischen und zugedeckt ziehen lassen, bis die übrigen Zutaten vorbereitet sind.

> Bambussprossen in ein Sieb geben, abbrausen, abtropfen lassen und in dünne Streifen schneiden. Paprikaschoten vierteln, von Kernen und weißen Innenwänden befreien, waschen und quer in dünne Streifen schneiden. Basilikum waschen, trocken schütteln und die Blätter abzupfen.

> Oberen, dickflüssigen Teil der Kokosmilch in einen Topf geben und zum Kochen bringen. Currypaste zufügen und unter Rühren anbraten. Fleisch zugeben und ca. 3 Minuten schmoren, dabei wenden.

> Restliche Kokosmilch angießen, mit Salz und Zucker würzen. Bambusstreifen zugeben und 3 Minuten bei mittlerer Hitze köcheln lassen. Paprika zufügen und alles noch 2 Minuten köcheln lassen. Basilikumblätter unterrühren und servieren.

> Nährwerte pro Person:
204 kcal, 854 kJ, 29 g EW,
7 g F, 8 g KH

Und als Dessert gebackene Bananen in Kokosmilch: dafür 4 Bananen schälen und längs halbieren. In eine flache Auflaufform legen und mit 2 EL Zitronensaft beträufeln. 2 EL gehackte Cashewkerne mit 1 EL gehackten ungesalzenen Pistazien, 150 g Kokosraspeln, 4 EL braunem Zucker und 1 TL gemahlenem Kardamom mischen und gleichmäßig über die Bananen verteilen. 1/4 l Kokosmilch darübergießen und bei 200 Grad im vorgeheizten Backofen ca. 30 Minuten backen.

Rindfleischcurry mit Kartoffeln und Erdnüssen [feurigscharf]

FÜR 4 PERSONEN:

2 Schalotten
2 Knoblauchzehen
3 EL Sesamöl
2 getrocknete rote Chilischoten
50 g frische ungesalzene Erdnüsse
600 g Rinderfilet
800 ml Kokosmilch
400 g festkochende Kartoffeln
4 EL rote Currypaste
4 EL Fischsoße (Glas)
1 EL Austernsoße (Glas)
2 EL brauner Zucker
2 EL Limettensaft
4 Limettenscheiben, gebraten

> Schalotten und Knoblauchzehen schälen und fein würfeln. 1 EL Öl im Wok oder einer Pfanne erhitzen und Schalotten mit Knoblauch und Chilischoten darin kräftig anbraten, bis die Schalotten goldbraun sind.

> Anschließend aus dem Wok nehmen und leicht abkühlen lassen. Die Schalottenmischung in den Mörser geben und zu einem Brei zerstampfen.

> Erdnüsse in die Pfanne geben und unter Rühren goldgelb rösten. Herausnehmen und ebenfalls im Mörser zerdrücken.

> Rindfleisch waschen, trocken tupfen und in dünne Streifen schneiden. Rindfleisch im übrigen Fett rundherum scharf anbraten und die Hälfte der Kokosmilch angießen. Zum Kochen bringen, die Temperatur zurückschalten und das Fleisch 45 Minuten schmoren lassen.

> In der Zwischenzeit die Kartoffeln schälen, waschen und in ca. 3 cm große Würfel schneiden. Das Fleisch mit der Soße aus dem Wok nehmen und den Wok säubern. Die Currypaste im Wok anschwitzen, die restliche Kokosmilch zugeben und die Kartoffeln mit den Erdnüssen und der Schalottenpaste zugeben.

> Das Ganze nun zum Kochen bringen, ca. 5 Minuten kochen, das Fleisch wieder zufügen und mit Fisch- und Austernsoße sowie Zucker würzen. Alles ca. 25 Minuten bei mittlerer Temperatur kochen, bis die Kartoffeln weich sind.

> Zum Schluss mit Limettensaft abschmecken und in Schälchen anrichten. Nach Wunsch mit gebratenen Limettenscheiben garniert servieren.

> Nährwerte pro Person:
518 kcal, 2167 kJ, 36 g EW, 28 g F, 32 g KH

Rindfleischcurry mit Lotoskernen und Tamarindensaft [raffiniert]

FÜR 4 PERSONEN:

800 g Rindfleisch (z. B. von der Schulter)
4 EL Sonnenblumenöl
2 1/2 EL rote Currypaste
1 l Kokosmilch
100 ml Tamarindensaft
800 ml Rindfleischbrühe
1/4 Zimtstange
3 Sternanis
3 EL Lotoskerne (ersatzweise ungesalzene Erdnüsse)
1 EL brauner Zucker
2 Kartoffeln
1 Zwiebel
6 EL Thai-Fischsoße (Glas)

> Rindfleisch waschen, trocken tupfen und in mundgerechte Stücke schneiden. In einer großen Pfanne Öl erhitzen und die Currypaste darin unter ständigem Rühren gut anbraten.

> Paste mit ein wenig Kokosmilch ablöschen und reduzieren lassen. Diesen Vorgang mehrmals wiederholen. Fleischwürfel hinzufügen, kurz anbraten und restliche Kokosmilch, Tamarindensaft und Rinderbrühe hinzugießen.

> Zimtstange, Sternanis, Lotoskerne und Zucker zufügen und gut verrühren. Bei mittlerer Hitze 1 1/2 – 2 Stunden offen kochen lassen. Kartoffeln und Zwiebel schälen. Beides in grobe Würfel schneiden und dazugeben. Weitere 15 Minuten kochen lassen.

> Das Curry mit Fischsoße würzen und prüfen, ob das Fleisch weich ist, aber noch Biss hat. Nach Bedarf etwas weiterköcheln lassen.

> Nährwerte pro Person:
614 kcal, 2969 kJ, 52 g EW, 34 g F, 25 g KH

Das Curry wird noch besser, wenn Sie es mit angebratenen Schalottenringen garnieren und mit Duftreis servieren.
Wie wär's mit einem Ingwerlassi dazu? 200 g Joghurt mit 300 ml Buttermilch, 1 Prise Salz, 2 EL Zucker, 1 TL Zitronensaft, ½ TL Ingwerpulver und 2 EL Ingwersirup schaumig schlagen. In 4 Gläser Eiswürfel geben und das Lassi einfüllen. Nach Wunsch mit Minze garniert zu dem Curry reichen.

Fleischbällchen in Currysoße [Abb.]

FÜR 4 PERSONEN:

1 Zwiebel
250 g Rinderhackfleisch
je 1 EL Petersilie und Basilikum, frisch gehackt
1 Ei
2 EL Paniermehl
Salz, Pfeffer
2 EL Sonnenblumenöl
2 TL Currypulver
60 ml Gemüsebrühe
150 ml Weißwein
2 EL Crème fraîche
1 Bd. Frühlingszwiebeln
1 EL Zitronensaft
1 Prise Zucker
1 EL Koriander, frisch gehackt

> Zwiebel schälen und fein würfeln. In einer Schüssel mit Hackfleisch, Petersilie, Basilikum, Ei und Paniermehl verrühren. Mit Salz und Pfeffer würzen und aus der Masse 8 Bällchen formen.

> Öl in einer Pfanne erhitzen, die Fleischbällchen darin bei mittlerer Hitze von allen Seiten anbraten, dann bei schwacher Hitze ca. 15 Minuten weiterbraten, dabei gelegentlich wenden. Aus der Pfanne nehmen und auf Küchenpapier abtropfen lassen.

> Currypulver im Bratfett kurz anschwitzen, mit Gemüsebrühe, Weißwein und Crème fraîche ablöschen und cremig einkochen lassen.

> Frühlingszwiebeln waschen, in dünne Ringe schneiden und in die Soße geben. Mit Zitronensaft, Salz, Pfeffer und Zucker würzen.

> Fleischbällchen in die Pfanne geben und noch kurz erhitzen. Zum Schluss mit dem Koriandergrün bestreuen.

> Nährwerte pro Person:
285 kcal, 1192 kJ, 16 g EW, 18 g F, 10 g KH

Lammhackfleisch mit Joghurt [einfach]

FÜR 4 PERSONEN:

1 Zwiebel
2 Knoblauchzehen
4 cm frische Ingwerwurzel
1 EL Ghee oder Butterschmalz
1 TL Kurkuma
1 TL Garam Masala
½ TL Chilipulver
500 g Lammhackfleisch
Salz
220 g Joghurt

> Zwiebel, Knoblauch, Ingwer schälen und fein würfeln. Ghee in einer Pfanne erhitzen und die Würfel darin unter Rühren anbraten.

> Kurkuma, Garam Masala und Chilipulver zufügen und kurz mitrösten.

> Hackfleisch und etwas Salz dazugeben und unter Rühren ca. 10 Minuten krümelig braten. Joghurt unterrühren und bei schwacher Hitze noch 5 Minuten schmoren lassen.

> Nährwerte pro Person:
379 kcal, 1586 kJ, 34 g EW, 26 g F, 4 g KH

Lammcurry mit Kokos und Ananas [Abb.]

FÜR 4 PERSONEN:

500 g mageres Lammfleisch (z. B. Lende)
2 EL Pflanzencreme
4 Zwiebeln
1/4 l Cremefine zum Kochen
1/4 l Kokosmilch
1 rote Chilischote
3 TL Ingwer, frisch gerieben
Salz, Pfeffer
3 TL Currypulver
1 Lorbeerblatt
200 g frische Ananas, gewürfelt

> Fleisch kalt abspülen, trocken tupfen und in mundgerechte Stücke schneiden. Pflanzencreme in einer tiefen Pfanne erhitzen und das Fleisch darin ca. 5 Minuten von allen Seiten kräftig anbraten.

> Zwiebeln schälen, würfeln, dazugeben und glasig andünsten. Das Ganze mit Cremefine und Kokosmilch ablöschen.

> Chilischote waschen, halbieren, die Kerne entfernen und Chili in feine Streifen schneiden. Chilischote, Ingwer, Salz, Pfeffer, Curry und Lorbeerblatt zum Fleisch geben. Zugedeckt bei mittlerer Hitze ca. 1 Stunde garen.

> Zum Schluss Ananas dazugeben und ohne Deckel weitere 15 Minuten bei kleiner Hitze ziehen lassen und servieren.

> Nährwerte pro Person:
315 kcal, 1309 kJ, 10 g EW, 22 g F, 20 g KH

Statt frischer Ananas können Sie auch abgetropfte Fruchtstücke aus der Dose verwenden.

Rindfleischcurry mit Joghurt [klassisch]

FÜR 4 PERSONEN:

500 g Rinderfilet
50 g Ghee oder Butterschmalz
4 Zwiebeln
2 Knoblauchzehen
1/4 TL gemahlener Ingwer
1/4 TL Cayennepfeffer
3/4 EL Paprikapulver edelsüß
1/4 TL Pfeffer
200 g Joghurt
Salz

> Fleisch waschen, trocken tupfen und würfeln. Ghee in einer ofenfesten Pfanne erhitzen, Fleisch darin rundherum anbraten und anschließend herausnehmen.

> Zwiebeln und Knoblauch schälen, fein hacken und im verbliebenen Fett anschwitzen. Fleisch wieder zugeben und mit Ingwer, Cayennepfeffer, Paprikapulver und Pfeffer würzen. Joghurt löffelweise unterrühren.

> Anschließend zugedeckt im vorgeheizten Backofen bei 160 Grad 1 1/2 Stunden garen. Zum Schluss mit 1 1/2 TL Salz abschmecken.

> Nährwerte pro Person:
461 kcal, 1929 kJ, 40 g EW, 30 g F, 9 g KH

Lammcurry mit Linsen und Paprika

FÜR 4 PERSONEN:

400 g mageres Lammfleisch (z. B. Lende)
2 Zwiebeln
2 Knoblauchzehen
2 rote Chilischoten
1 rote Paprikaschote
2 EL Ghee oder Butterschmalz
1 TL Garam Masala
1 TL Kurkuma
1 TL Kreuzkümmel
200 g rote Linsen
Salz
Pfeffer aus der Mühle
200 g Joghurt

[unkompliziert]

> Lammfleisch waschen, trocken tupfen und in mundgerechte Stücke schneiden. Zwiebeln und Knoblauch schälen und fein würfeln.

> Chilischoten entkernen, waschen und in feine Ringe schneiden. Paprikaschote halbieren, von Kernen und weißen Innenwänden befreien und würfeln.

> Ghee in einer Pfanne erhitzen. Fleisch, Zwiebeln, Knoblauch und Chili darin rundherum anbraten.

> Paprikastücke, Garam Masala, Kurkuma und Kreuzkümmel zufügen und kurz unter Rühren anbraten. 300 ml Wasser angießen und alles ca. 45 Minuten bei mittlerer Hitze garen lassen.

> Linsen in 400 ml Wasser kurz aufkochen und weitere 8–10 Minuten bei geringer Hitze köcheln lassen. Linsen abgießen und mit dem Lammcurry verrühren.

> Das Ganze mit Salz und Pfeffer würzen und auf Tellern anrichten. Joghurt löffelweise darübergeben und servieren.

> Nährwerte pro Person:
432 kcal, 1820 kJ, 38 g EW, 16 g F, 34 g KH

Dazu passen Kichererbsen mit Tomaten: 400 g Kichererbsen (Dose) in ein Sieb geben, abspülen und abtropfen lassen. 1 Zwiebel und 2 Knoblauchzehen schälen und fein hacken. 2 große Tomaten überbrühen, abschrecken, häuten, halbieren, von Stielansatz und Kernen befreien und fein würfeln. 1 EL Öl in einer Pfanne erhitzen, Zwiebel und Knoblauch darin glasig dünsten. 1 TL gemahlener Kreuzkümmel, 1/2 TL Cayennepfeffer und 1 TL Currypulver zufügen und kurz mit anrösten. Tomaten und Kichererbsen zugeben und ca. 15 Minuten bei mittlerer Hitze köcheln lassen. Mit gehackten Korianderblättchen bestreuen.

Lammcurry mit Kürbis und Okraschoten

[raffiniert]

FÜR 4 PERSONEN:

600 g mageres Lammfleisch
300 g Okraschoten
400 g Kürbisfleisch
1 Zwiebel
3 Knoblauchzehen
2 große Tomaten
1 EL Ghee oder Butterschmalz
2 Lorbeerblätter
½ TL gemahlener Kreuzkümmel
1 EL Tomatenmark
¼ l trockener Weißwein
1 EL Zitronensaft
Salz
Pfeffer aus der Mühle

> Lammfleisch kalt abspülen, trocken tupfen und in mundgerechte Stücke schneiden. Okraschoten waschen und quer halbieren. Kürbisfleisch in kleine Stücke schneiden.

> Zwiebel und Knoblauch schälen und fein hacken. Tomaten kreuzweise einritzen, heiß überbrühen, abschrecken, häuten, vierteln und entkernen.

> Öl in einer Pfanne erhitzen, Fleisch portionsweise hinzufügen, rundum bräunen und wieder herausnehmen.

> Zwiebel und Knoblauch im verbliebenen Fett unter Rühren anschwitzen, das Fleisch wieder hinzufügen und Lorbeerblätter, Kreuzkümmel, Tomatenmark, Wein und Zitronensaft dazugeben. Mit Salz und Pfeffer kräftig würzen.

> Okraschoten, Kürbis- und Tomatenfleisch einrühren und das Ganze abgedeckt bei schwacher Hitze ca. 25 Minuten garen. Nochmals mit Salz und Pfeffer abschmecken und servieren.

> Nährwerte pro Person: 404 kcal, 1690 kJ, 47 g EW, 14 g F, 11 g KH

Sie können das Lammcurry mit gekochten Kartoffelwürfeln anreichern und so auf eine zusätzliche Beilage verzichten.

Verwenden Sie zum Kochen am besten Kürbis der Sorte Hokkaido. Dieser Kürbis hat eine rötliche Schale und seine Form erinnert an eine Zwiebel. Das Fleisch ist stärkehaltig und zerfällt beim Kochen nicht so leicht.

Bild- und Textquellen

Titelbild vorne: StockFood; hinten von links nach rechts: Alnatura, Cranberry Marketing Committee, Butaris
Inhalt: Albrecht/Südwest Verlag: 42; Almond Board of California: 7; Alnatura: 19, 21, 26, 51; Bonisolli/Südwest Verlag: 59, 70; Brauner/Südwest Verlag: 10; Butaris: 49, 63; Cranberry Marketing Committee: 37; fotolia.com: Monika Adamczyk 28 u., fderib 28 r., Robyn Mackenzie 29 o. r., blende40 29 u.; Holz/Südwest Verlag: 17, 23, 29 r., 31, 33; Knorr: 35, 45; Plewinski/Südwest Verlag: 53; Rama: 5, 13, 65, 75; Seiffe/Südwest Verlag: 47; Smend/Südwest Verlag: 73; StockFood: 9, 15, 25, 28 o., 39, 41, 55, 56, 57 o., 61, 67, 69; The Food Professionals Köhnen GmbH: 57 l., 77